AF168590

škola - sikolwa 2
putovanje - kuhamba 5
transport - kwetfutsa 8
grad - lidolobha lelikhulu 10
krajolik - libala 14
restoran - sitolo sekudla 17
supermarket - isuphamakethe 20
piće - tinatfo 22
jelo - kudla 23
seosko imanje - lipulazi 27
kuća - indlu 31
dnevni boravak - indzawo yamabonakudze 33
kuhinja - likhishi 35
kupatilo - likamelo lekugezela 38
dječija soba - likamelo lemntfwana 42
odjeća - timphahla tekugcoka 44
ured - lihhovisi 49
ekonomija - umnotfo 51
zanimanja - tikhundla 53
alat - emathulusi 56
muzički instrumenti - insimbi yemculo 57
zološki vrt - i-zoo 59
sport - temidlalo 62
aktivnosti - imisebenti 63
porodica - umndeni 67
tijelo - umtimba 68
bolnica - sibhedlela 72
hitna pomoć - simo lesiphutfumako 76
Zemlja - Umhlaba 77
sat - liwashi 79
sedmica, nedjelja - liviki 80
godina - umnyaka 81
oblici - kubumbeka kwetintfo 83
boje - imibala 84
suprotnosti - lokwehlukile 85
brojevi - tinombolo 88
jezici - tilwimi 90
ko / šta / gdje - ngubani / ini / njani 91
gdje - kuphi 92

Impressum
Verlag: BABADADA GmbH, Nedderfeld 112 , 22529 Hamburg
Geschäftsführer / Verlagsleitung: Harald Hof
Druck: Books on Demand GmbH, In de Tarpen 42, 22848 Norderstedt

Imprint
Publisher: BABADADA GmbH, Nedderfeld 112 , 22529 Hamburg, Germany
Managing Director / Publishing direction: Harald Hof
Print: Books on Demand GmbH, In de Tarpen 42, 22848 Norderstedt

škola

sikolwa

učionica
likilasi
dijeliti
hlukanisa
186/2
tabla
libhodi
školsko dvorište
ligceke lesikolwa
učitelj, nastavnik
thishela
papir
liphepha
pisati
bhala
olovka
ipeni
pisaći sto
lideski
lenjir
i-ruler
knjiga
incwadzi
učenik
umuntfu

torba
sikhwama setincwadzi tesikolwa

pernica
sikhwanyana semapenisela

drvena olovka
ipenisela

šiljalo za olovke
umshini wekulolo ipenisela

gumica
i-rubber

blok za crtanje
intfo yekudvweba

crtež

umdvwebo

kist

libhulashi lekupenda

kutija s bojama

libhokisi lekupenda

makaze

tikelo

ljepilo

i-glue

vježbanka

incwadzi yekutadisha

domaća zadaća

umsebenti wasekhaya

12

broj

inombolo

2+2

sabirati

hlanganisa

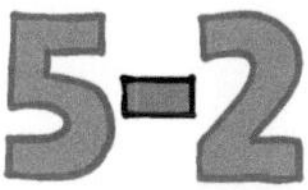
5-2

oduzimati

susa

2×2

množiti

phindzaphidza

42

računati

bala

A

slovo

incwadzi

ABCDEFG
HIJKLMN
OPQRSTU
VWXYZ

abeceda

feleba

hello

riječ

ligama

tekst

umbhalo

čitati

fundza

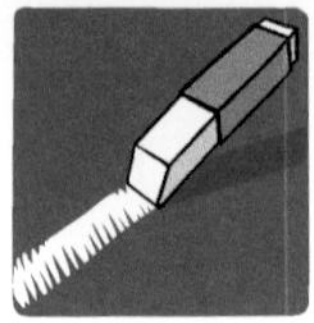

kreda

ishogo

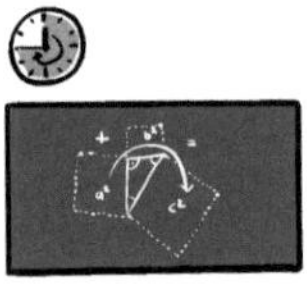

sat

sifundvo

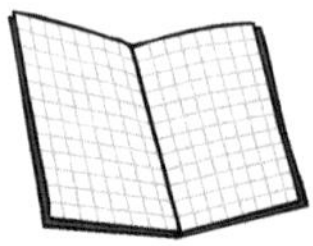

školski dnevnik

i-register

ispit

sivivinyo sekugcina

svjedočanstvo

sitifiketi

školska uniforma

timphahla tesikolwa

izobrazba

imfundvo

leksikon

i-ensaklopheda

univerzitet

inyuvesi

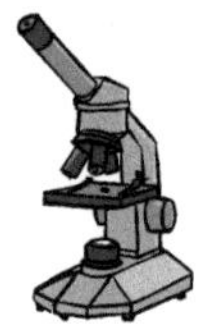

mikroskop

sipopolo

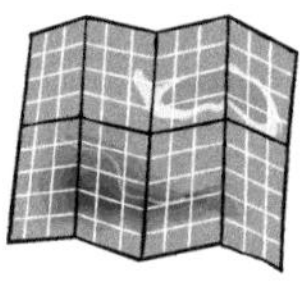

karta

libalave

korpa za papir

libhakede lekulahla emaphepha

putovanje
kuhamba

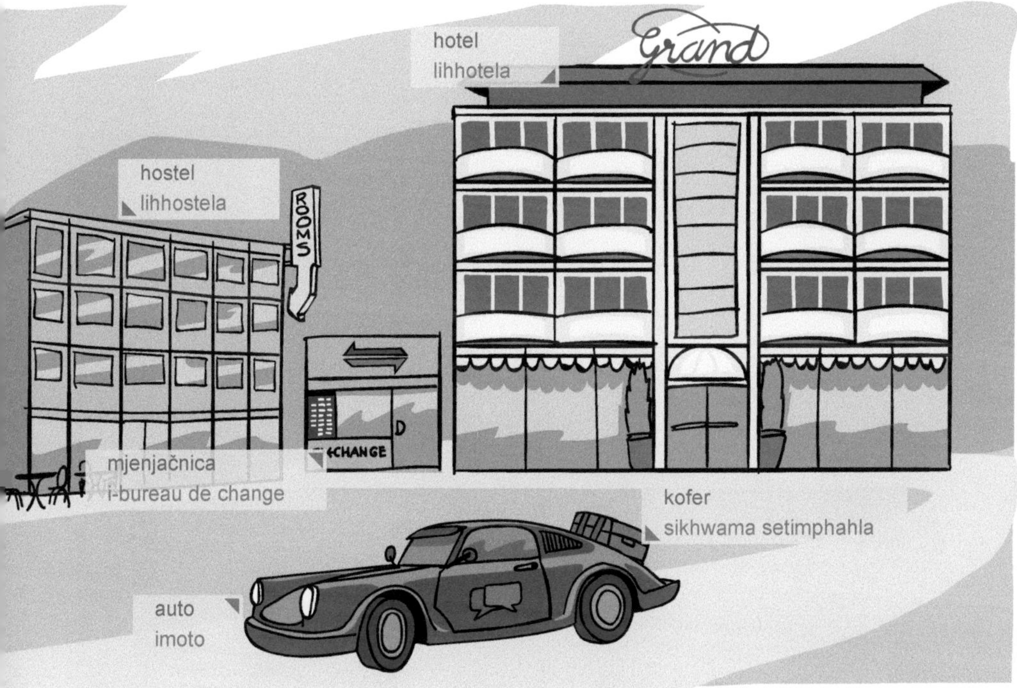
hotel
lihhotela
hostel
lihhostela
ROOMS
EXCHANGE
mjenjačnica
i-bureau de change
kofer
sikhwama setimphahla
auto
imoto

jezik

lulwimi

da / ne

yebo / cha

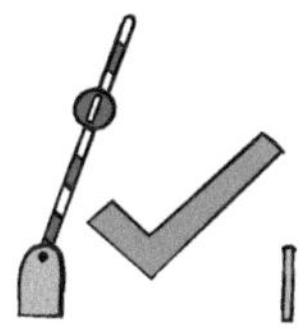

okej

Kulungile

zdravo

sawubona

tumač

umhumushi

hvala

Siyabonga

Koliko košta...?

ingumalini i....?

Ne razumijem

angivisisi kahle

problem

inkinga

dobro veče!

Lishonile!

Dobro jutro!

Kusile!

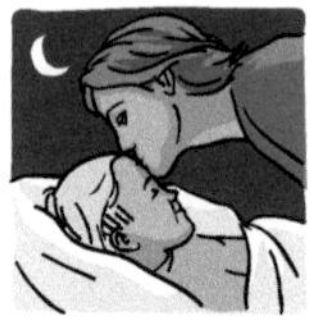

Laku noć!

Ulale kahle!

doviđenja

sala kahle

smjer

sicondziso

prtljag

umtfwalu

torba

sikhwama

ruksak

sikhwama lesigacwako

gost

sivakashi

soba

likamelo

vreća za spavanje

sikhwama sekulala

šator

lithende

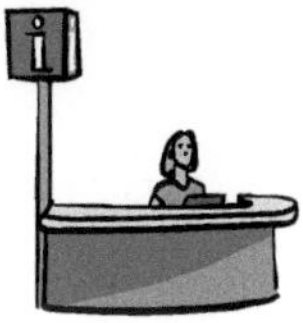

turističke informacije

imininingwane yetivakashi

plaža

ibhishi

BANK XY

kreditna kartica

likhadi lemali

doručak

kudla kwasekuseni

ručak

kudla kwasemini

večera

kudla kwantsambama

putna karta

lithikithi

lift

i-lift

70

poštanska markica

sitembu

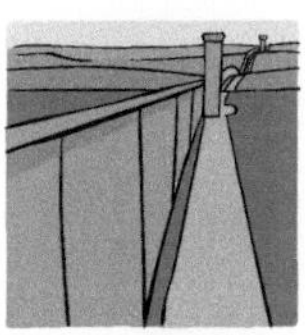

granica

umcele

carina

emakhasimende

ambasada

i-embasi

viza

i-visa

PASSPORT

pasoš

ipasipoti

transport
kwetfutsa

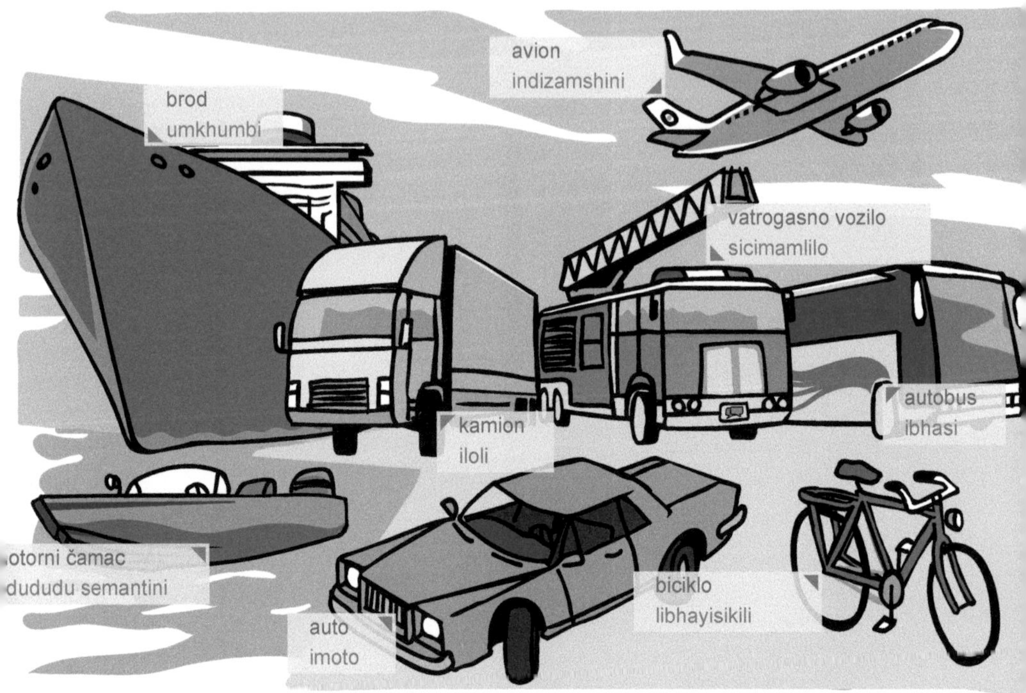
avion
indizamshini
brod
umkhumbi
vatrogasno vozilo
sicimamlilo
autobus
ibhasi
kamion
iloli
otorni čamac
dududu semantini
biciklo
libhayisikili
auto
imoto

trajekt

i-ferry

brod

sikebhe

motocikl

sidududu

policijski automobil

imoto yemaphoyisa

trkaći automobil

imoto yemjaho

unajmljeni automobil

imoto yekucashisa

kar-šering

kubolekana imoto

pauk

i-breadown

smećarsko vozilo

iloli yetibi

motor

imoto

gorivo

phethiloli

benzinska pumpa

ligalaji laphethiloli

saobraćajni znak

luphawu lwemgwaco

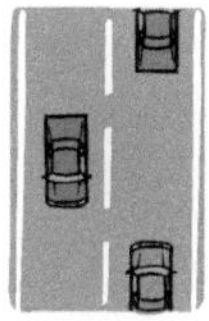

saobraćaj

incumbi yetimoto

zastoj

incumbi yetimoto letime emngwacweni

parking

ipaki yemoto

željeznička stanica

siteshi sesitimela

šine

imizila

voz

sitimela

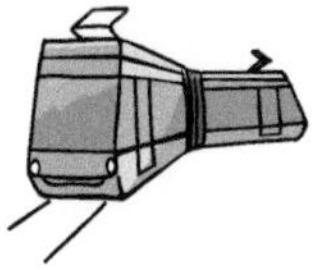

tramvaj

i-tram

vagon

inkalishi

helikopter

indiza lenaphephela emhlane

aerodrom

sikhungo setindiza

toranj

imoto yekudvonsa letibhajiwe

putnik

bagibeli

kontejner

intfo yekutfwala

karton

likhathoni

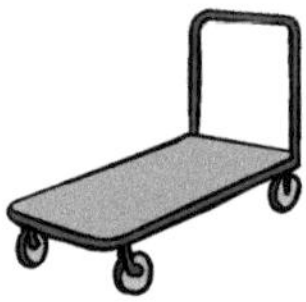

tačke

i-cart

korpa

bhasikidi

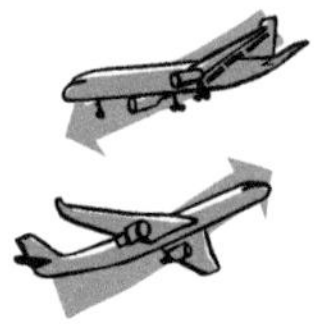

poletjeti / sletjeti

kusuka / kwehla

grad
lidolobha lelikhulu

selo

umuti

centar grada

ekhatsi nelidolobha

kuća

indlu

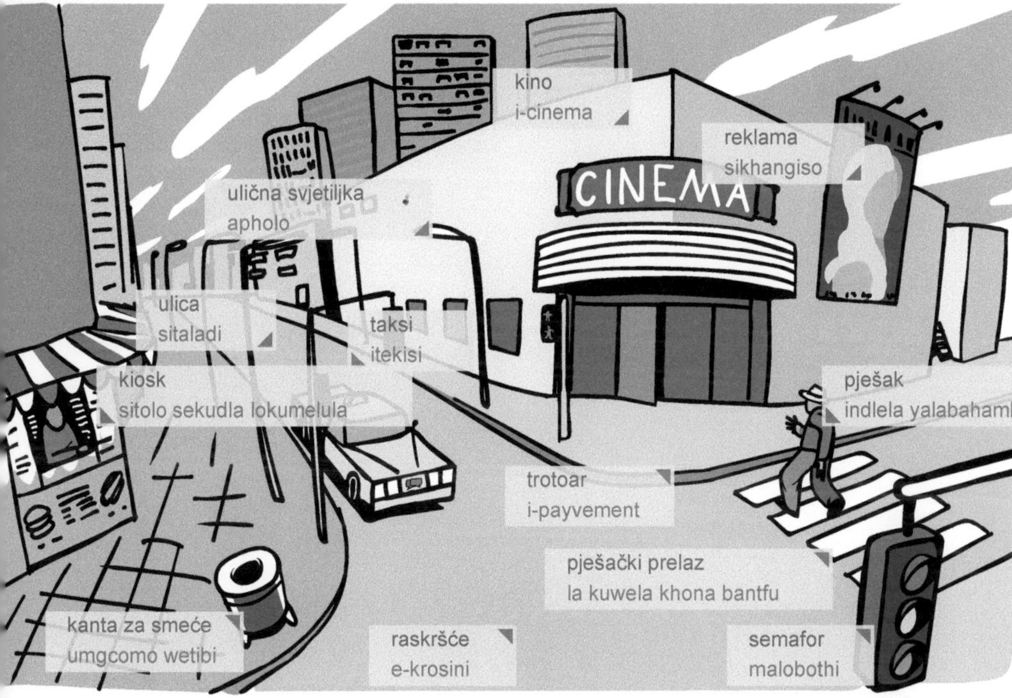
kino
i-cinema
CINEMA
reklama
sikhangiso
ulična svjetiljka
apholo
ulica
sitaladi
taksi
itekisi
kiosk
sitolo sekudla lokumelula
pješak
indlela yalabahamba
trotoar
i-payvement
pješački prelaz
la kuwela khona bantfu
kanta za smeće
umgcomo wetibi
raskršće
e-krosini
semafor
malobothi

koliba

gucasthandaze

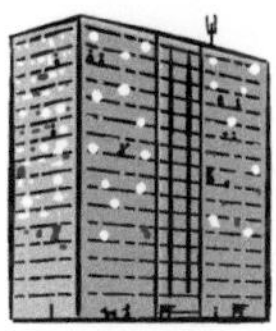

stan

lifulethi

željeznička stanica

siteshi sesitimela

vjećnica

lihholwa lasedolobheni

MUSEUM

muzej

imnyusiyamu

škola

sikolwa

univerzitet

inyuvesi

BANK

banka

libhange

bolnica

sibhedlela

Grand

hotel

lihhotela

GOOD FOR HEALTH

apoteka

ikhemisi

ured

lihhovisi

BOOKS
B

knjižara

sitolo setincwadzi

radnja

sitolo

FLOWERS

cvjećara

lotsengisa timbali

S

supermarket

isuphamakethe

pijaca

imakethe

MALL
MALL

robna kuća

litiko letitolo

FISH

prodavač ribe

batsengisi betimfishi

trgovački centar

luchungechuge lwetitolo

luka

sikhungo

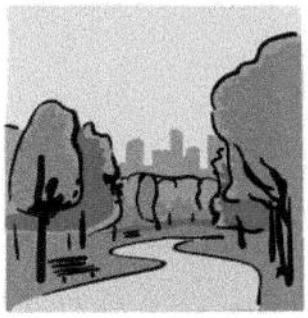

park

lipaki

klupa

libhentji

most

libhuloho

stepenice

titezi

podzemna željeznica

ngephansi kwemhlaba

tunel

umhume

autobuska stanica

siteshi sebhasi

bar

sitolo setjwala

CHEZ GERALD

restoran

sitolo sekudla

poštanski sandučić

libhokisi leliposi

saobraćajni znak

luphawu lwemgwaco

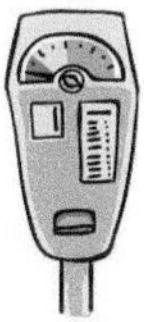

sat za naplatu parkinga

umshini lobala sikhatsi sekupaka

zološki vrt

i-zoo

bazen

i-swimming pool

džamija

lisontfo lemasulumane

seosko imanje

lipulazi

zagađenje okoline

kugcolisa umoya

groblje

emathuna

crkva

lisontfo

igralište

inkhundla yetemidlalo

hram

lithempeli

krajolik

libala

list
licembe
putokaz
luphawu lwemgwaco
putokaz
indlela
livada
umshiya
kamen
litje
drvo
sihlahla
putnik
lohamba indlela lendze ngetinyawo
rijeka
umfula
trava
tjani
cvijet
imbali

dolina

sihosha

brdo

ligcuma

jezero

lidanyana

šuma

lihlatsi

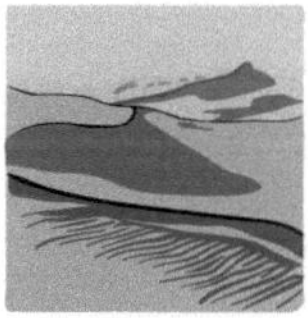

pustinja

lihlane

vulkan

intsabamlilo

dvorac

umhlambi wetinkhomo

duga

umushi wenkhosatane

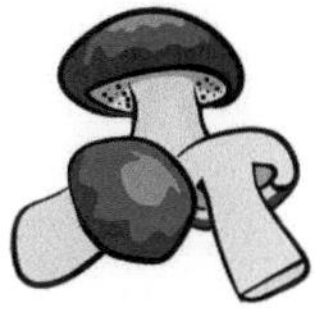

gljiva

likhowa

palma

sihlahla semphayini

komarac

imbuzulwane

muha

kundiza

mrav

intfutfwane

pčela

inyosi

pauk

sayobi

buba

inkhubabulongo

žaba

sicoco

vjeverica

chakijane

jež

ingungumbane

zec

lolunye luhlobo lwalogwaja

sova

sikhova

ptica

inyoni

labud

i-swan

divlja svinja

ingulube yesiganga

jelen

inyamatane

los

i-moose

brana

lidamu

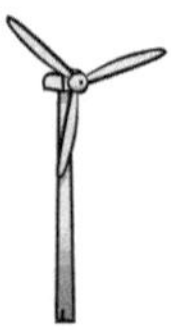

vjetrenjača

i-wind turbine

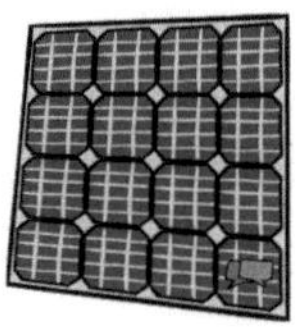

solarni modul

i-solar panel

klima

simo selitulu

restoran
sitolo sekudla

konobar
waiter
jelovnik
luhla lwekudla
stolica
situlo
supa
lisobho
pica
i-pizza
stolnjak
indvwangu yelitafula
pribor za jelo
tipuni imimese netimfologo

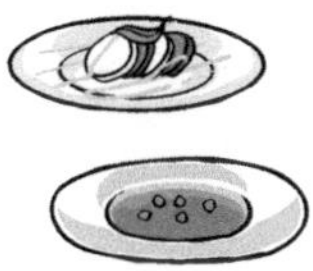

predjelo

kudla lokusicalo

glavno jelo

kudla locinile

desert

idizethi

piće

tinatfo

jelo

kudla

flaša

libhodlela

brza hrana

kudla lokusheshako

jelo sa ulice

kudla kwasemngwacweni

čajnik

ligedlela lelitiye

šećernica

indishi yashukela

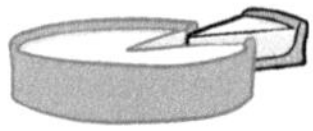

porcija

incenye

mašina za espreso

umshini we-espresso

barska stolica

situlo lesiphakeme

račun

ibhili

tacna

li-tray

nož

umukhwa

viljuška

imfologo

kašika

sipuni

kašičica

sipuni lesincane

salveta

ithishu yetandla

čaša

ligilasi

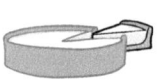

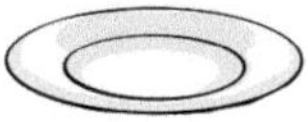

tanjir

lipuleti

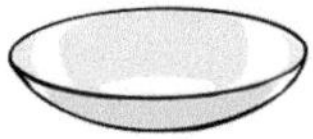

tanjir za supu

lipuleti lelisobho

tanjurić

lipringi

sos

i-sauce

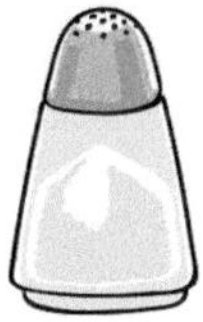

solanik

libhodvo lasawoti

mlin za biber

i-pepper mill

sirće

niniga

ulje

emafutsa awoyela

začini

tipayisi

kečap

i-ketchup

senf

i-mustard

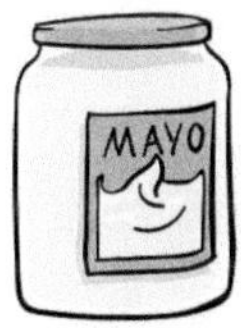
MAYO

majoneza

mayonasi

supermarket
isuphamakethe

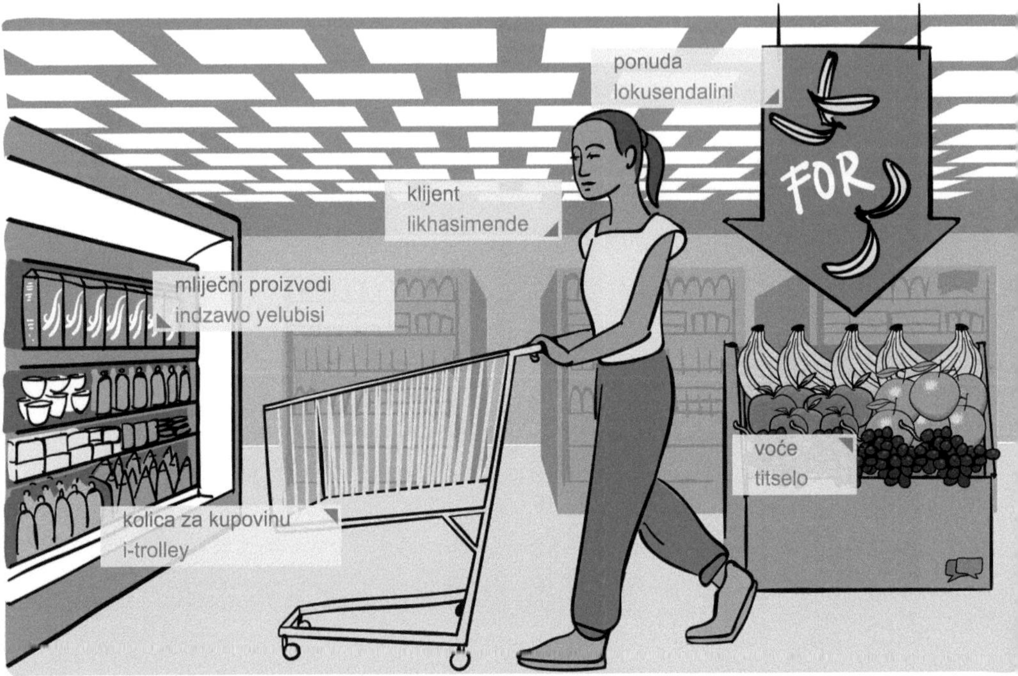
ponuda
lokusendalini
FOR
klijent
likhasimende
mliječni proizvodi
indzawo yelubisi
voće
titselo
kolica za kupovinu
i-trolley

BUTCHERS

mesnica- klaonica

ibhushari

BAKERY

pekara

i-baker

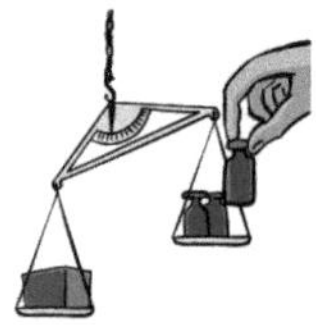

vagati

kala

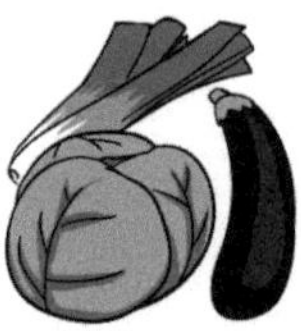

povrće

tibhidvo

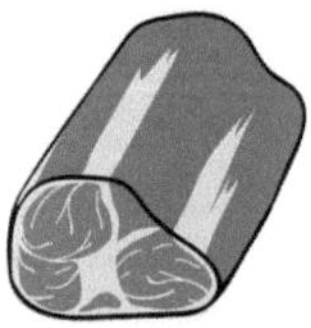

meso

inyama

zaleđena hrana

kudla lokucandzisiwe

narezak

inyama lebandzako

konzerve

kudla likusemathinini

clean

prašak za veš

insipho yekuwasha

BON
BON

slatkiši

emaswidi

kućanski proizvodi

tintfo tasekhaya

sredstvo za čišćenje

imitsi yekukolobha

prodavačica

umuntfu lotsengisako

kasa

endzaweni yekubhadala

blagajnik

umtsengisi

lista za kupovinu

hla lwetintfo tekutsengwa

OPEN

radno vrijeme

ema-awa ekuvula

novčanik

sipatji

BANK XY

kreditna kartica

likhadi lemali

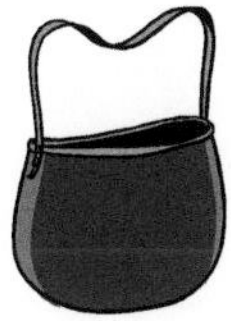

torba

sikhwama

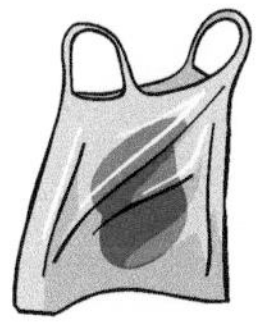

najlonska vrećica

sikhwama seshekhasi

piće
tinatfo

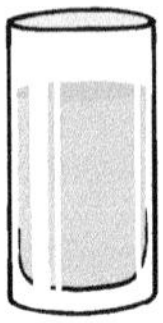

voda

emanti

sok

ijuzi

mlijeko

lubisi

kola

ikhokhi

vino

liwani

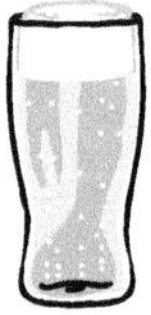

pivo

ibhiya

alkohol

tjwala

CACAO

kakao

ikhokho

čaj

litiye

kafa

likhofi

espreso

i-espresso

kapućino

i-cappuccino

jelo
kudla

banana

bhanana

jabuka

lihhabhula

narandža

liwolintji

lubenica

melon

limun

ilemoni

mrkva

emavondlela

bijeli luk

galiki

bambus

i-bamboo

crveni luk

anyanisi

gljiva

emakhowa

orašasti plodovi

emantongomane

pasta

ema-noodles

špagete

sipageti

riža

lilayisi

salata

isaladi

pomfrit

emashibusi

pečeni krompir

emazambane lafrayiwe

pica

i-pizza

hamburger

i-burger

sendvič

isengwishi

šnicla

inyama lefulawe netimvitsi tesinkhwa

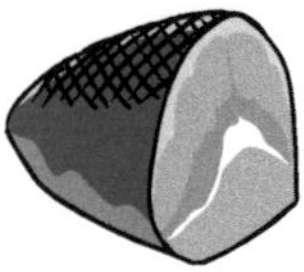

šunka

i-ham

kobasica

isalami

kobasica

livosi

kokoš

inyama yenkhukhu

pečenje

lokufrayiwe

riba

imfishi

OATS

zobene pahuljice

i-oats

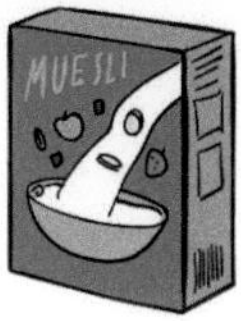
MUESLI

muzli

imusili

kornfleks

ema-cornflakes

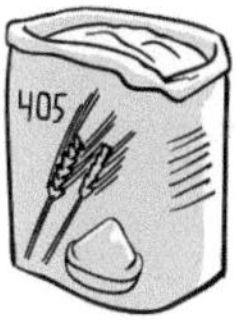
405

brašno

fulawa

kroason

ema-croissant

zemičke

sinkhwa

kruh

sinkhwa

tost

linkhwa lesithosiwe

keksi

emabhisikidi

maslac

bhotela

svježi sir

i-curd

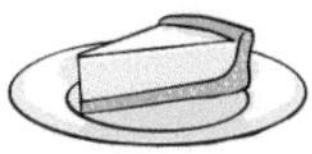

kolač

likhekhe

jaje

emacandza

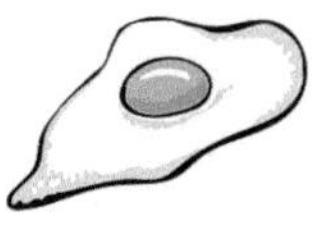

jaje na oko

emacandza lafulayiwe

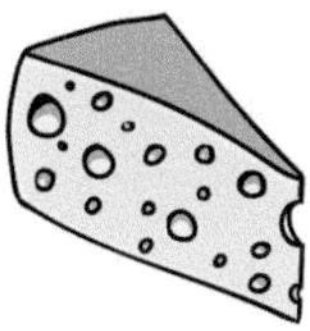

sir

ishizi

sladoled

i-ice cream

šećer

shukela

med

luju

marmelada

jamu

nugat krema

shokolethi

kuri

ikheri

seosko imanje
lipulazi

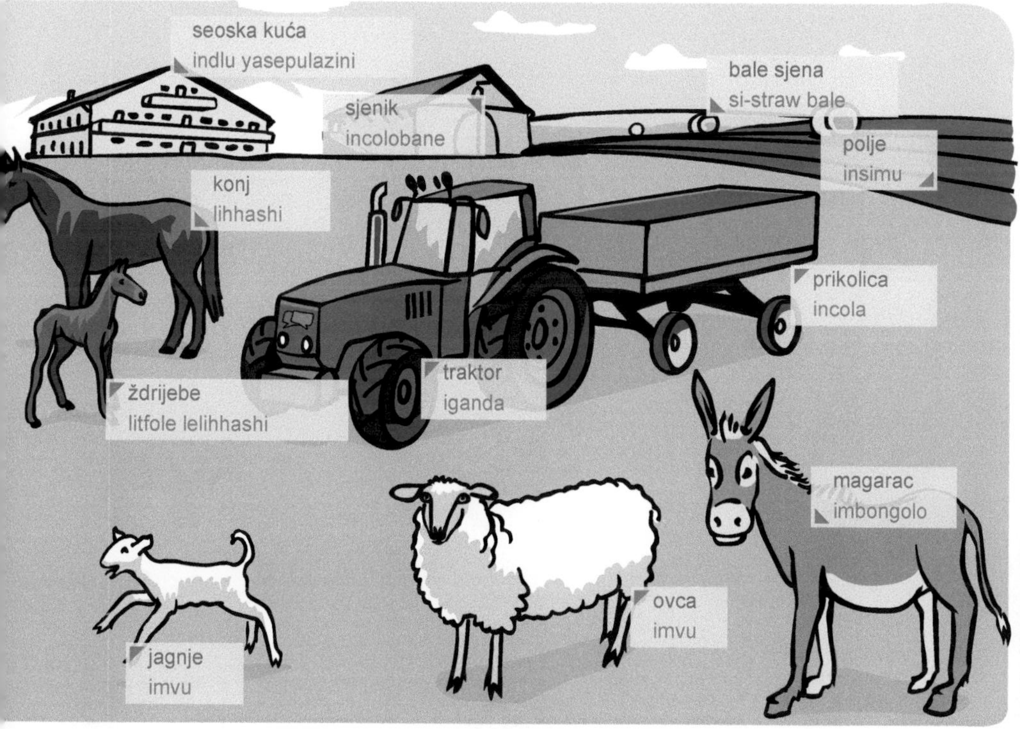

seoska kuća
indlu yasepulazini
sjenik
incolobane
bale sjena
si-straw bale
polje
insimu
konj
lihhashi
prikolica
incola
traktor
iganda
ždrijebe
litfole lelihhashi
magarac
imbongolo
ovca
imvu
jagnje
imvu

koza

imbuti

krava

inkhomo

tele

litfole

svinja

ingulube

prase

ingulutjana

bik

inkhunzi

guska

lihansi

patka

lidada

pile

lintjwele

kokoška

sikhukhukati

pjetao

lichudze

pacov

ligundvwane

mačka

likali

miš

ligundvwane lolincane

vol

inkhunzi

pas

inja

pseća kućica

indlu yenja

crijevo za baštu

liphayiphi lemanti asengadzini

kanta za zalijevanje

libhakede lemanti

kosa

i-scythe

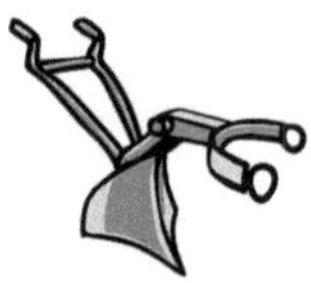

plug

likhuba leganda

srp

lisikela

motika

likhuba

vile

imfologo yetjani

sjekira

lizembe

tačke

libhala

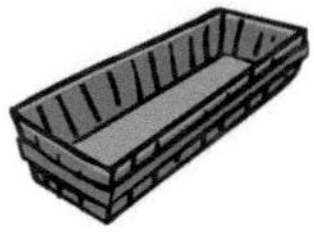

korito

litrofula

bokal za mlijeko

iromkani

vreća

lisaka

ograda

ifenisi

štala

sitebele

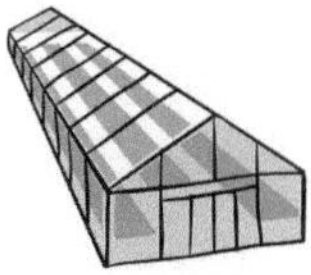

staklenik

indlu leluhlata

tlo

umhlabatsi

sjeme

imbewu

đubrivo

sivundzisi

kombajn

bavuni

kositi

vuna

žetva

sivuno

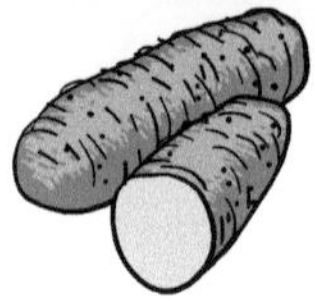

jam korijen

i-yams

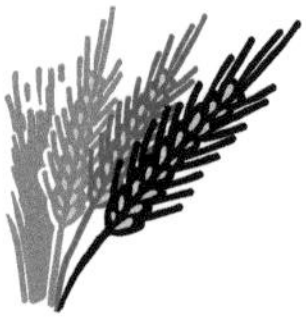

pšenica

likhula

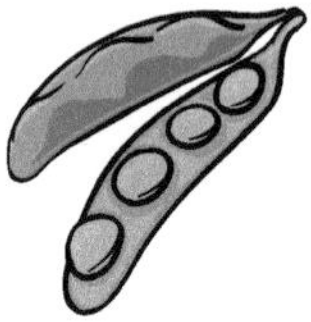

soja

isoyi

krompir

lizambane

kukuruz

sibhuluja sembila

uljana repica

i-rapeseed

drvo voća

sihlahla setitselo

manioka

bhatata

žito

ema-cereals

kuća
indlu

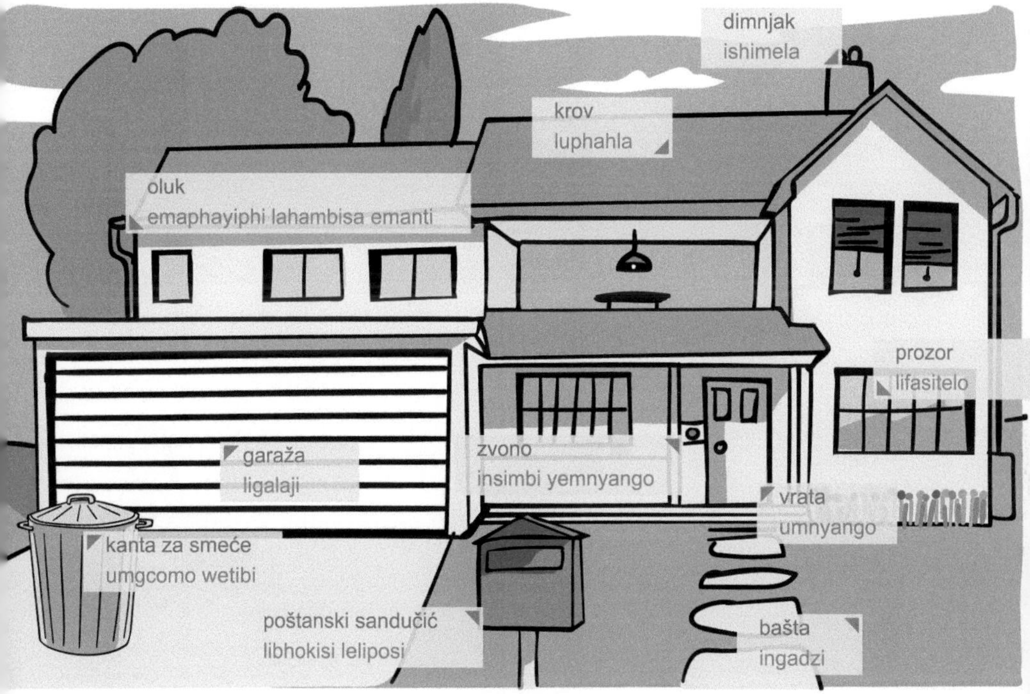
dimnjak
ishimela
krov
luphahla
oluk
emaphayiphi lahambisa emanti
prozor
lifasitelo
garaža
ligalaji
zvono
insimbi yemnyango
vrata
umnyango
kanta za smeće
umgcomo wetibi
poštanski sandučić
libhokisi leliposi
bašta
ingadzi

dnevni boravak

indzawo yamabonakudze

kupatilo

likamelo lekugezela

kuhinja

likhishi

spavaća soba

likamelo

dječija soba

likamelo lemntfwana

trpezarija

ligumbu lekudlela

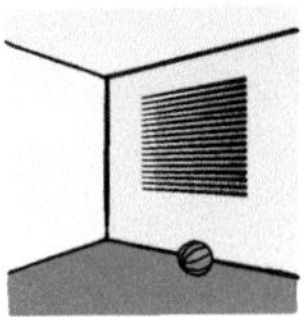

pod, tlo

siyilo

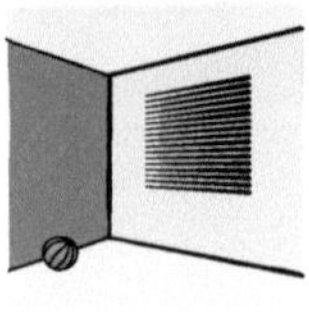

zid

lubondza

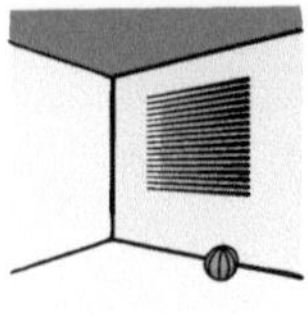

plafon

isilingi

podrum

i-cellar

sauna

i-sauna

balkon

umpheme

terasa

libala

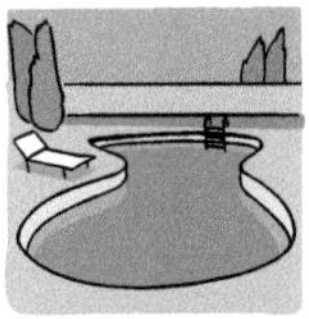

bazen

lidamu lekududa

kosilica

umshini wetjani

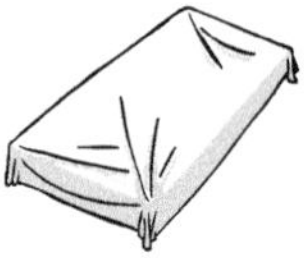

posteljina

lishidi

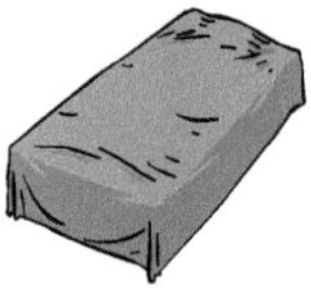

pokrivač

ibhedspredi

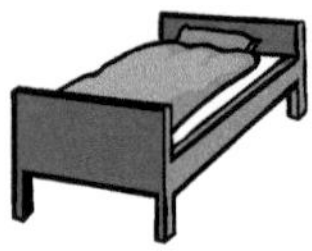

krevet

umbhedze

metla

umshanelo

kanta

libhakede

prekidač

iswishi

dnevni boravak
indzawo yamabonakudze

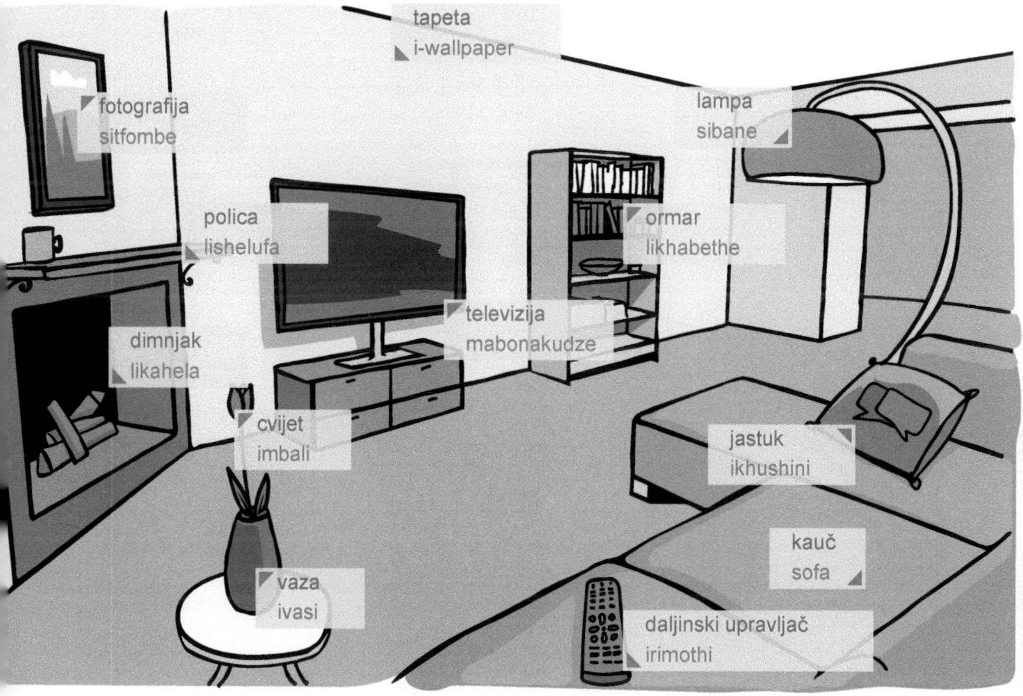
tapeta
i-wallpaper
fotografija
sitfombe
lampa
sibane
polica
lishelufa
ormar
likhabethe
televizija
mabonakudze
dimnjak
likahela
cvijet
imbali
jastuk
ikhushini
kauč
sofa
vaza
ivasi
daljinski upravljač
irimothi

tepih
imadi yendlu

zavjesa
likhetheni

stol
litafula

stolica
situlo

stolica za ljuljanje
situlo sangephandle

fotelja
situlosemikhono

knjiga

incwadzi

deka

ingubo

dekoracija

umhlobiso

ložno drvo

tinkhuni tekubasa

film

lifilimu

stereo uređaj

igumbagumba

ključ

likhiya

novine

liphephandzaba

umjetnička slika

pendo

poster

likhadi laselubondzeni

radio

iwayilensi

blok za bilješke

kwekutsa emaphuzu

usisavač

i-hoover

kaktus

sitjalo lokutsiwa yi-cactus

svijeća

likhandlela

kuhinja
likhishi

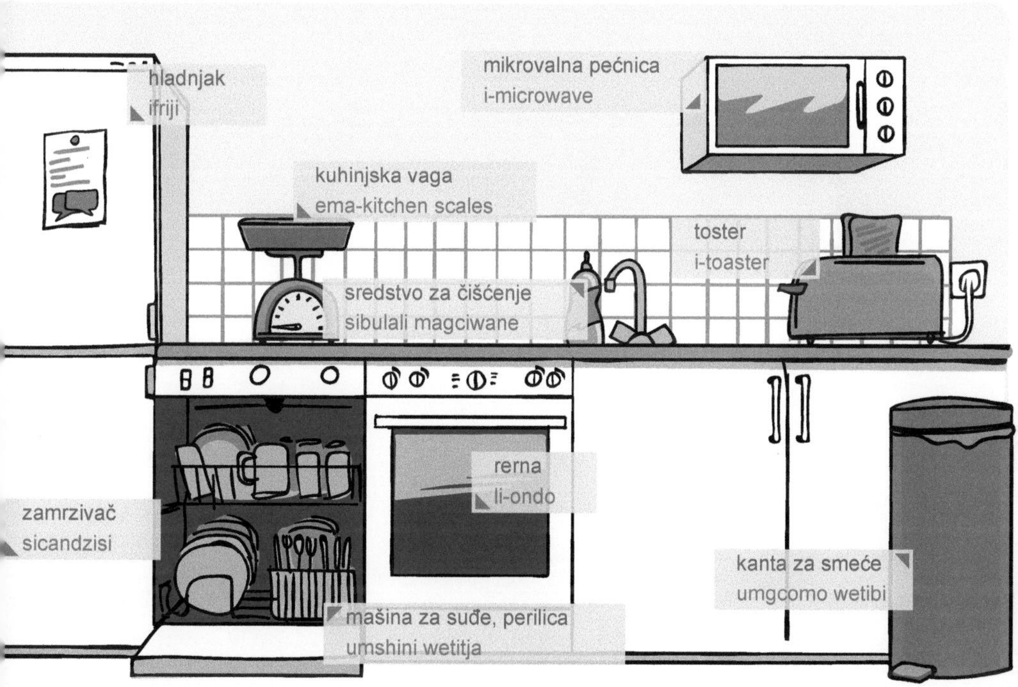
hladnjak
ifriji
mikrovalna pećnica
i-microwave
kuhinjska vaga
ema-kitchen scales
toster
i-toaster
sredstvo za čišćenje
sibulali magciwane
rerna
li-ondo
zamrzivač
sicandzisi
kanta za smeće
umgcomo wetibi
mašina za suđe, perilica
umshini wetitja

peć
umpheki

lonac
libhodvo

metalni lonac
i-cast-iron pot

vok / kadai
i-wok /kadai

tava, tiganj
lipani

kuhalo
ligedlela

aparat za kuhanje na pari

i-steamer

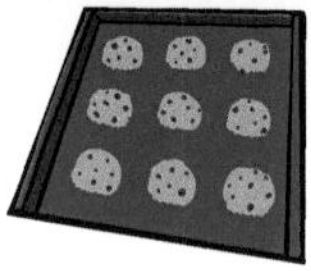

lim za pečenje

lipani lekubhaka

posuđe

i-crockery

šalica

imagi

činija

indishi

kineski štapići

tindvukwana tekujuba

kutlača

i-ladle

lopatica

si-spatula

metlica za snijeg bjelanjca

i-whisk

sito za kuhanje

i-strainer

sito

i-sieve

ribež

i-grater

avan s tučkom

i-mortar

roštilj

i-barbecue

ložište

umlilo lovulekile

daska

libhodi lekujuba kudla

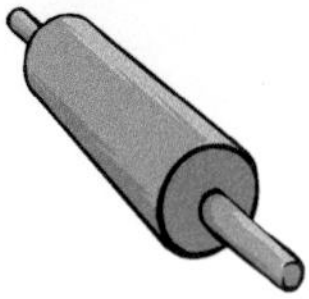

oklagija

i-rolling pin

vadičep

i-corkscrew

konzerva

likani

otvarač za konzerve

lithulusi lekuvala likani

krpe za lonac

intfo yekubeka emabhodvo

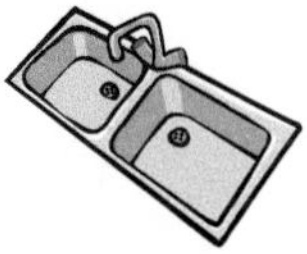

sudoper

izinki

četka

libhulashi

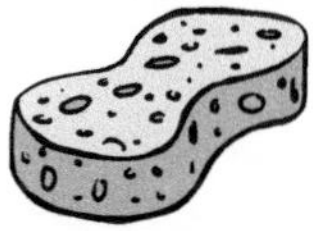

spužva

sipontji

mikser

i-blender

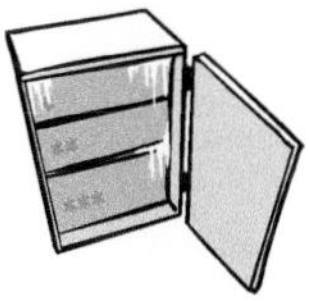

zamrzivač

i-deep freezer

flašica za bebu

libhodlela lemntfwana

slavina

impompi

kupatilo
likamelo lekugezela

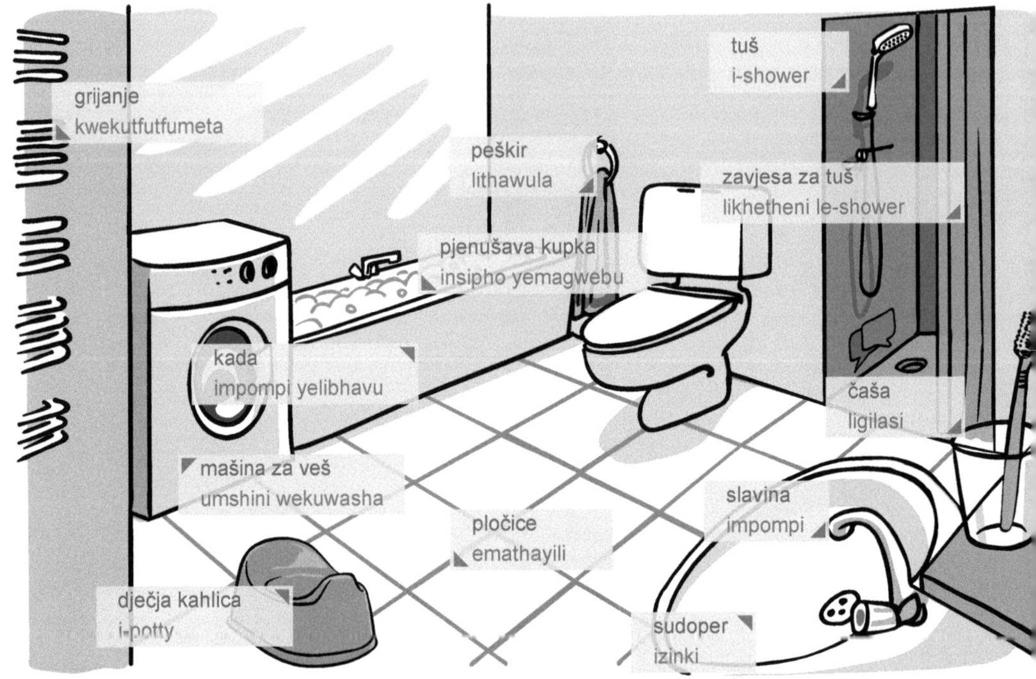

grijanje
kwekutfutfumeta
peškir
lithawula
tuš
i-shower
zavjesa za tuš
likhetheni le-shower
pjenušava kupka
insipho yemagwebu
kada
impompi yelibhavu
čaša
ligilasi
mašina za veš
umshini wekuwasha
slavina
impompi
pločice
emathayili
dječja kahlica
i-potty
sudoper
izinki

toalet

umthoyi

čučavac

libhodvo lemthoyi

bide

i-bidet

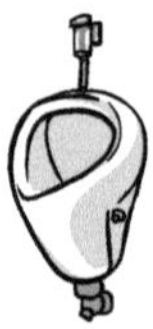

pisoar

umnchamo

toalet papir

ithishu

četka za wc

libhulashi lemthoyi

četkica za zube

libhulashi lematinyo

pasta za zube

insipho yematinyo

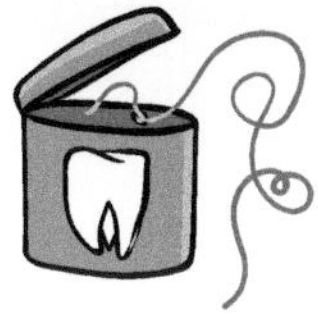

zubni konac

intsambo yekuhlanta ematinyo

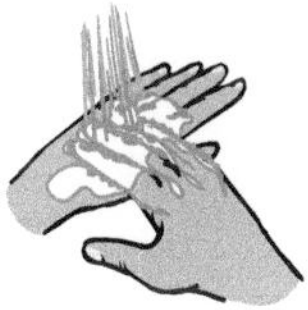

prati

washa

tuš

liphayiphu le-shower lelibanjwa ngetandla

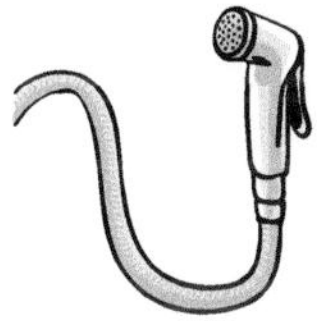

intimni tuš

i-douche

lavor

i-basin

četka za leđa

libhulashi lemgogodla

sapun

insipho lecinile

gel za tuširanje

i-gel ye-shower

šampon

insipho yemagwebu

krpe za pranje

i-flannel

odvod

kwekuhambisa emanti

krema

i-cream

dezodorans

emakha emakhwapha

ogledalo

sibuko

ogledalo za šminkanje

sibuko lesincane

brijač

i-razor

pjena za brijanje

emagwebu ekushefa

vodica poslije brijanja

kwegcobisa ngemuva kwekushefa

češalj

i-comb

četka

libhulashi

fen

kwekomisa tinwele

sprej za kosu

kwekufutsa tinwele

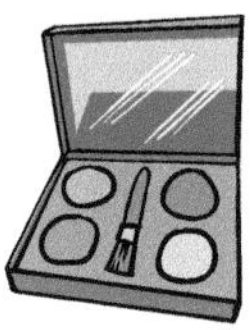

puder

kwekutimomonya

karmin

i-lipstick

lak za nokte

pende wetingalo

vata

i-cotton wool

makazice za nokte

sikelo setingalo

parfem

emakha

kozmetička torbica

ikhwama setintfo tekugeza

hoklica

situlo

vaga

sikali sesisindvo

kupaći ogrtač

kwekugcoka nawugeza

rukavice za čišćenje

emagilavu e-rubber

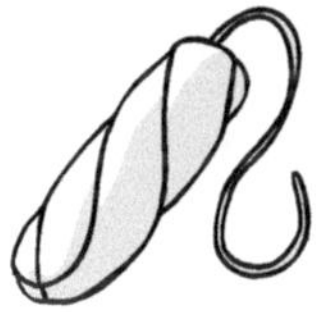

tampon

i-tampon

uložak za dame

lithawula lekuhlanta

hemijski toalet

imitsi yekukolobha umthoyi

dječija soba
likamelo lemntfwana

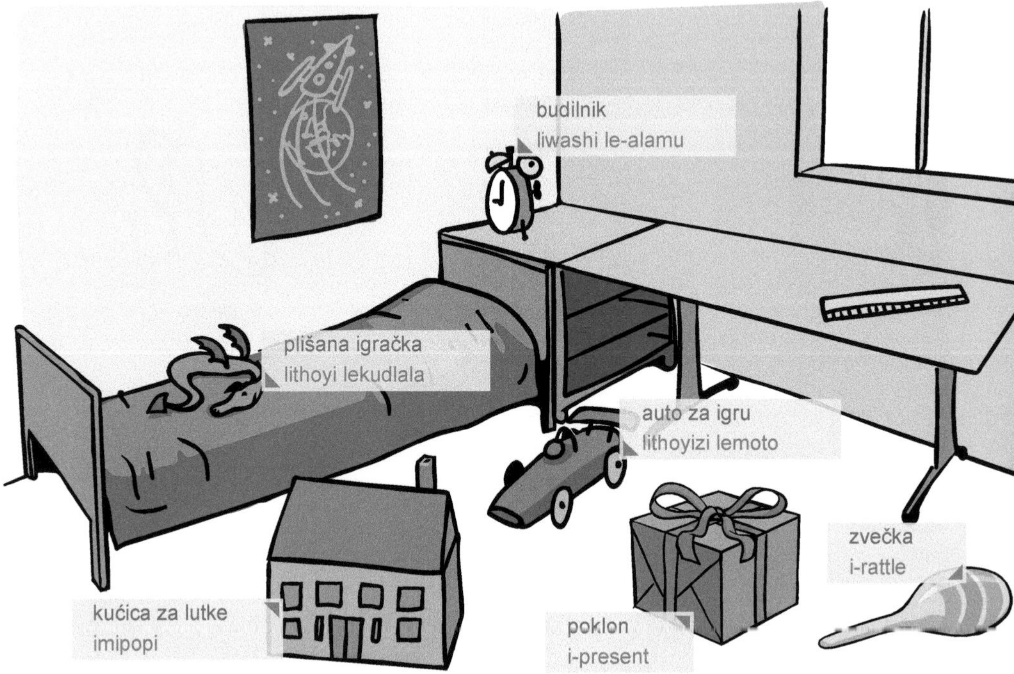
budilnik
liwashi le-alamu
plišana igračka
lithoyi lekudlala
auto za igru
lithoyizi lemoto
zvečka
i-rattle
kućica za lutke
imipopi
poklon
i-present

balon

ibhaluni

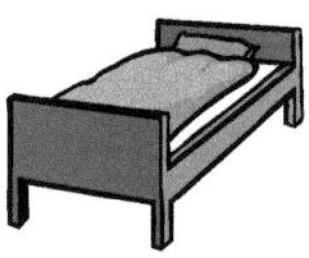

krevet

umbhedze

kolica za djecu

ipram

karte za igranje

emakhadi ekudlala

puzle

i-jigsaw

SUPER
MEGA

strip

i-comic

lego kockice

emabloko e-lego

kockice za gradnju

emabloko ekwakha

akcione figure

i-actionfigure

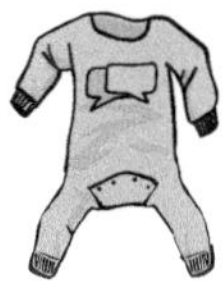

benkica

kukhula kwemntfwana

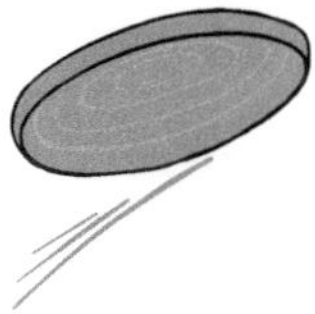

frizbi

i-frisbee

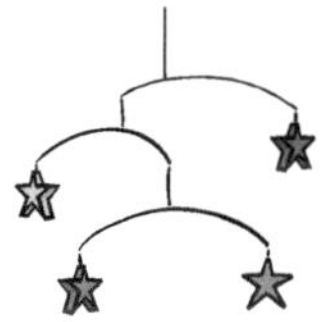

mobile

i-mobile

igra na ploči

ibhodi yemdlalo

kocka

lidayisi

miniatura željeznice

isethi yemathoyizi etitimela

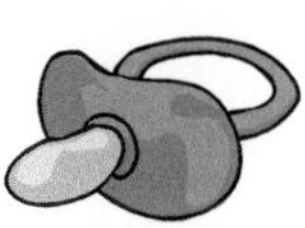

cucla

i-dummy

zabava

i-party

slikovnica

incwadzi yetitfombe

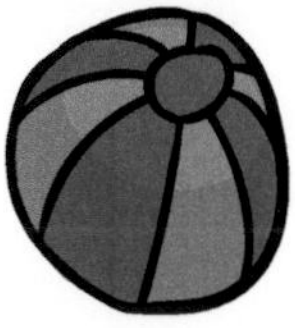

lopta

ibhola

lutka

nodoli

igrati

dlala

pješćanik

umgodzi wemhlabatsi

ljuljačka

umjikeli

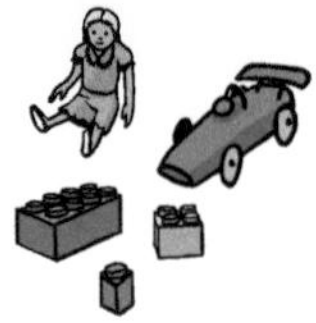

igračke

emathoyizi

konzola za igru

umshini wemdlalo wema-video

triciklo

masondvontsatfu

medvjedić

umdoli welibhele

ormar

ihhodrobhu

odjeća

timphahla tekugcoka

kratke čarape

emakawosi

čarape

ema-stockings

hulahopke

umtjopi

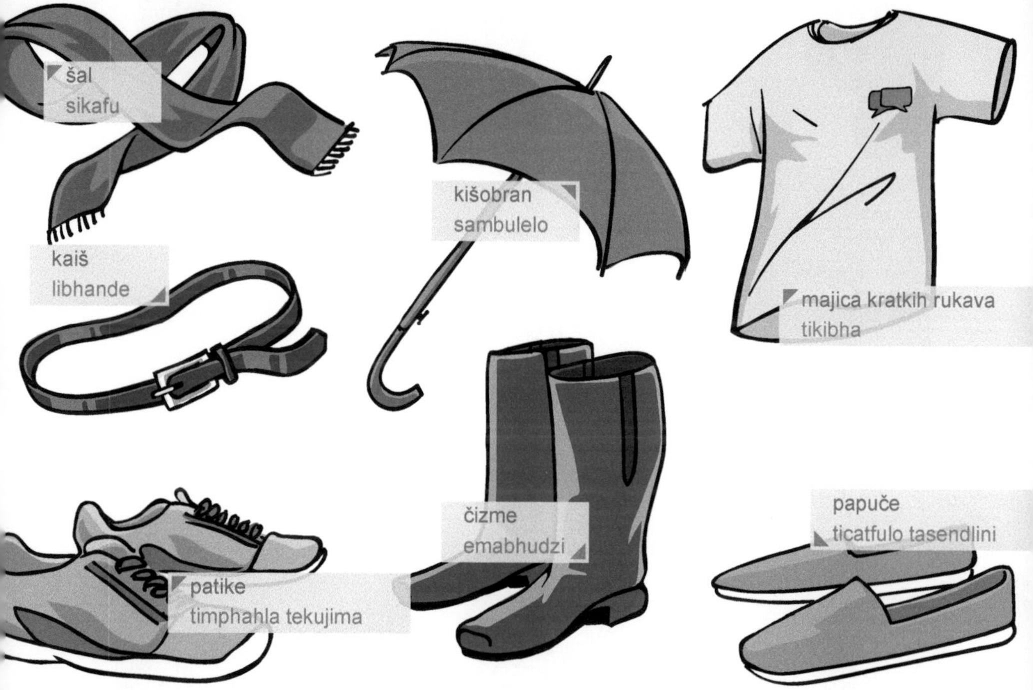
šal
sikafu
kišobran
sambulelo
majica kratkih rukava
tikibha
kaiš
libhande
čizme
emabhudzi
papuče
ticatfulo tasendlini
patike
timphahla tekujima

sandale

tincabule

cipele

ticatfulo

gumene čizme

emabhudzi emvula

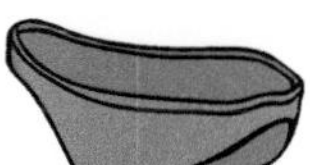

gaće

emabhuluko angephansi

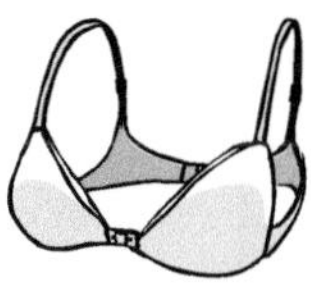

grudnjak

ibhodi

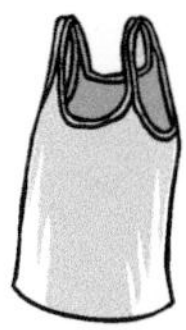

potkošulja

i-vest

bodi

umtimba

hlače

emabhuluko

farmerke

ibhokathi

suknja

sikedi

bluza

liblawosi

košulja

liyembe

džemper

i-pullover

majica

i-hoodie

sako

libhantji

jakna

silamba

mantil

lijazi

kišni mantil

lijazi lemvula

kostim

i-costume

haljina

lilogo

vjenčanica

likogo lemshado

odijelo

isudi

spavaćica

i-gown yasebusuku

pidžama

emabhijamu

sari

i-sari

marama

sikafu

turban

i-turban

burka

i-burqa

kaftan

i-kaftan

abaja

i-abaya

kupaći kostim

timphahla tekududa

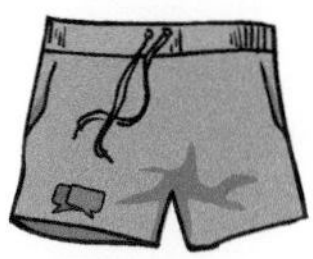

kupaće gaće

ema-anda

kratke hlače

emabhuluko lamafishane

trenerka

i-treksudi

pregača

liphinifa

rukavice

emaglavu

dugme

inkinobho

naočare

tibuko

narukvica

buhlalu

ogrlica

umgaco

prsten

indandatho

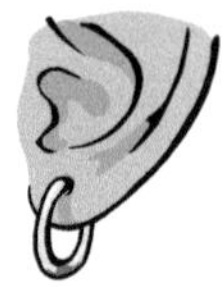

naušnica

emacici

kapa

likepisi

vješalica

i-hanger yelijazi

šešir

sigcoko

kravata

thayi

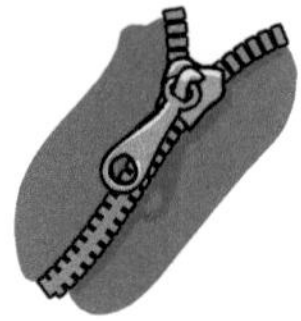

patentni zatvarač

iziphu

kaciga

sivikelo senhloko

tregeri za hlače

kwekusekela sitfo semtimba

školska uniforma

timphahla tesikolwa

uniforma

inyunifomu

podbradak

i-bib

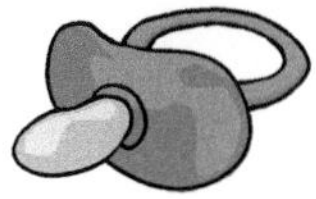

cucla

i-dummy

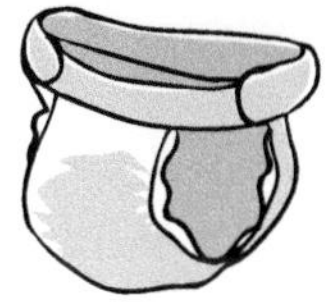

pelene

linabukeli

ured
lihhovisi

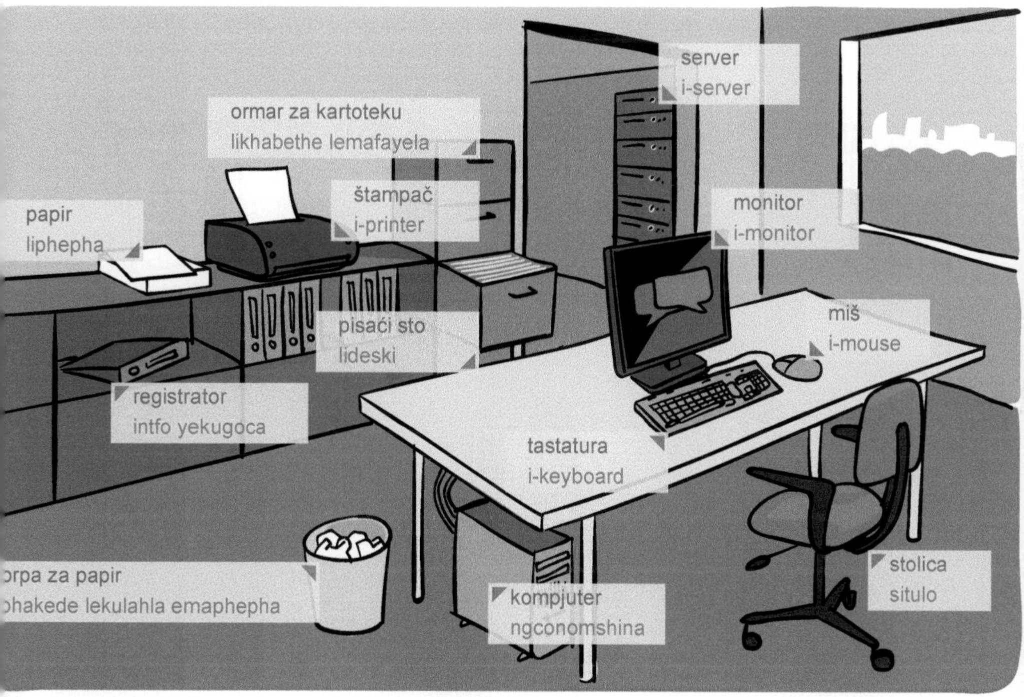
server
i-server
ormar za kartoteku
likhabethe lemafayela
papir
liphepha
štampač
i-printer
monitor
i-monitor
pisaći sto
lideski
miš
i-mouse
registrator
intfo yekugoca
tastatura
i-keyboard
rpa za papir
hakede lekulahla emaphepha
kompjuter
ngconomshina
stolica
situlo

šolja za kafu

likomishi lelikofi

kalkulator

i-calculator

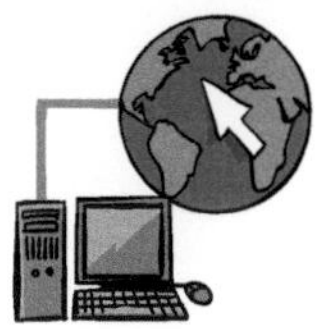

internet

i-inthanethi

laptop

i-laptop

pismo

incwadzi

poruka

umlayeto

mobilni telefon

i-mobile

mreža

i-network

aparat za kopiranje

umshini wekwenta emakhophi

softver

i-software

telefon

lucingo

utičnica

liplaliki lagesi

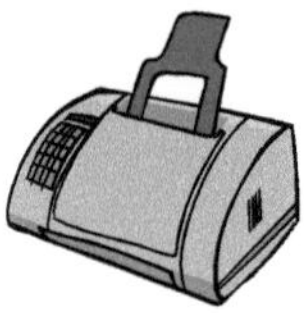

faks

umshini wekufeksa

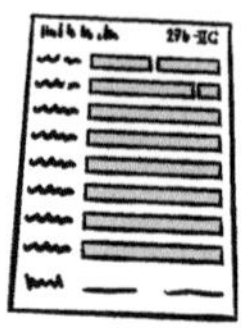

formular

lifomu

dokument

liphepha

ekonomija
umnotfo

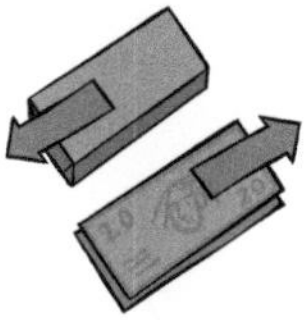

kupovati

tsenga

platiti

bhadala

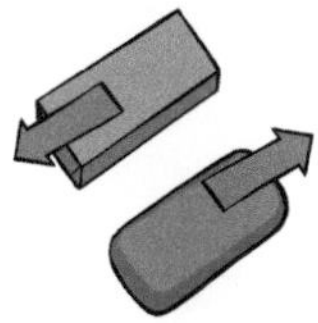

trgovati

beka imali

novac

imali

USD

dolar

li-dollar

EUR

euro

li-euro

JPY

jen

li-yen

RUB

rublja

li-rouble

CHF

franak

i-Swiss franc

CNY

renminbi jen

i-renminbi yuan

INR

rupi

i-rupee

ATM

bankomat

umshini wemali

mjenjačnica

i-bureau de change

zlato

ligolide

srebro

lisiliva

nafta

woyela

energija

emandla

36€

cijena

linani

ugovor

sivumelwano

porez

umtselo

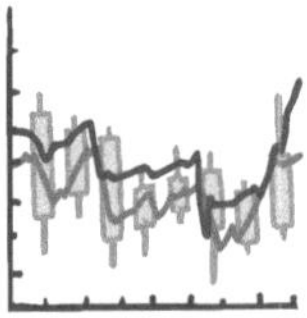

akcija

sitoko

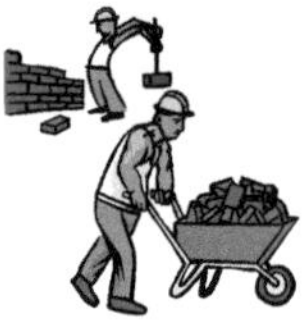

raditi

sebenta

službenik

sisebenti

poslodavac

umcashi

fabrika

ifemu

radnja

sitolo

zanimanja
tikhundla

policajac
liphoyisa
vatrogasac
umcimimlilo
kuhar
umpheki
ljekar
dokotela
pilot
umshayeli wetindiza

baštovan

losebenta engadzini

stolar

ummbati

krojačica

umtfungi

sudija

mehluleli

hemičar

khemisi

glumac

umlingisi

vozač autobusa

umshayeli webhasi

vozač taksija

umshayeli wekhumbi

ribar

umdvobi

čistačica

limedi

krovopokrivač

umfuleli

konobar

waiter

lovac

umtingeli

moler

mapendani

pekar

umbhaki

električar

gesana

građevinski radnik

meselane

inženjer

sonjiniyela

koljač

umtsengisi wenyama

limar, vodoinstalater

somaphayiphi

poštar

lohambisa liposi

vojnik

lisotja

arhitekta

umdvwebi wemapulani

blagajnik

umtsengisi

cvjećar

umtsengisi wetimbali

frizer

losebenta ngetinwele

kontrolor

umbhidisi

mehaničar

mekhenikha

kapiten

kaputeni

zubar

dokotela wematinyo

naučnik

sosayensi

rabin

rabi

imam

imam

monah

monk

sveštenik

umfundisi

alat
emathulusi

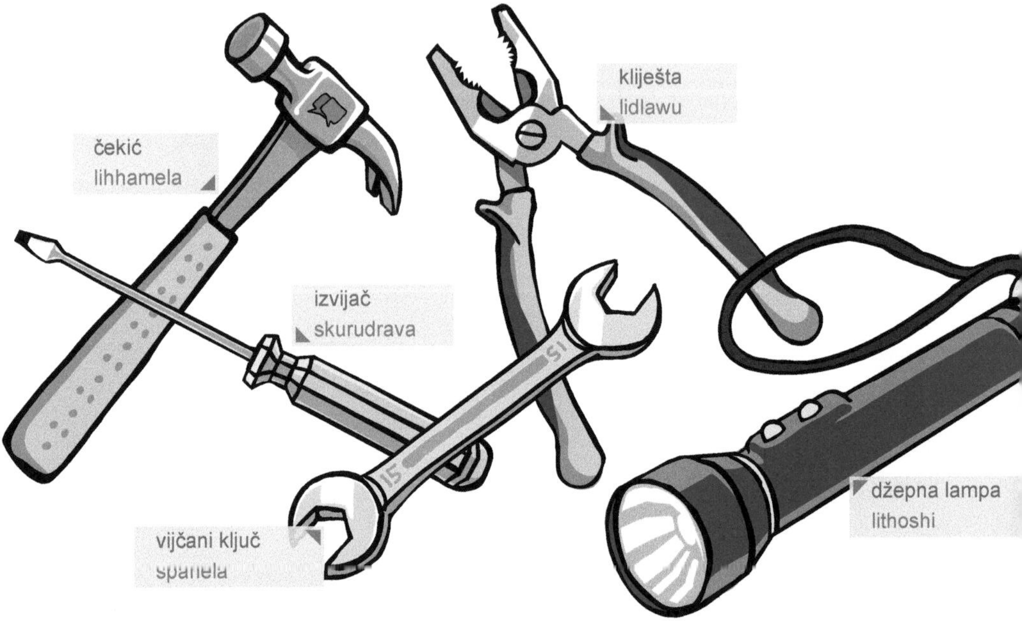

čekić
lihhamela
kliješta
lidlawu
izvijač
skurudrava
vijčani ključ
spanela
džepna lampa
lithoshi

bager

lifosholo

kutija sa alatom

libhokisi lemathulusi

ljestve

lilele

testera, pila

lisaha

ekser

tipikili

bušilica

umshini wekwenta timbobo

popraviti

lungisa

lopata

lifosholo

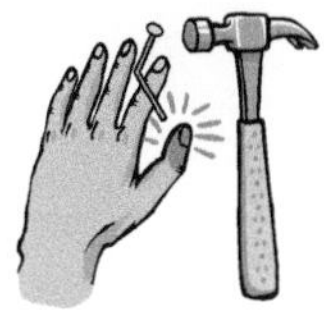

sranje!

i-Damni!

lopatica

lipani lekuwola tibi

kanta boje

likani lapende

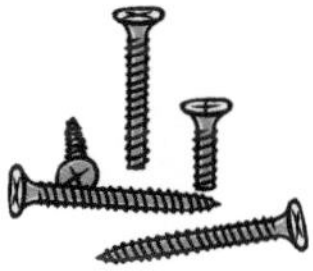

vijak

tikruzi

muzički instrumenti
insimbi yemculo

zvučnik
sipika lesikhulu
bubnjevi
ikhithi yemadramu
gitara
lugitali
kontrabas
lugitali lolukhulu
truba
i-trumpet

klavir

i-piano

violina

ivayolini

bas

ibhesi

bubanj timpani

i-timpani

bubanj

emadramu

sintisajzer

i-keyboard

saksofon

i-saxohone

flauta

ifluthi

mikrofon

umbhobho

tigar
ingwe
ulaz
umnyango wekungena
kavez
lihhoko
zebra
lidvuba
hrana za životinje
kupha tilwane kudla
panda
ipanda

životinje

tilwane

slon

indlovu

kengur

ikangaru

nosorog

bhejane

gorila

igorila

medvjed

libhele

kamila

likamela

noj

i-ostrishi

lav

libhubesi

majmun

imfene

flamingo

i-flamingo

papagaj

iparoti

polarni medvjed

libhele

pingvin

iphejini

morski pas

shaka

paun

iphigogo

zmija

inyoka

krokodil

ingwenya

čuvar u zološkom vrtu

umgcini tilwane

tuljan

isili

jaguar

i-jaguar

poni

poni

leopard

ingwe

nilski konj

imvubu

žirafa

indlulamitsi

orao

lusweti

divlja svinja

ingulube yesiganga

riba

imfishi

kornjača

lifundvu

morž

i-warasi

lisica

jakalazi

gazela

inyamatane

sport
temidlalo

američki fudbal
libhola letinyawo laseMelika
vožnja bicikla
umdlalo wemabhayisikili
tenis
itenesi
košarka
i-basketball
plivanje
kududa
boks
umdlalo wetibhakela
hokej na ledu
umdlalo waselichweni

fudbal
libhola letinyawo

bedminton
i-badminton

laka atletika
tingijimi

rukomet
libhola letandla

skijanje
umdlalo wekuntjuza

polo
i-polo

aktivnosti
imisebenti

smijati se
hleka
skakati
gcuma
zagrliti
gona
ići
hamba
pjevati
hlabela
sanjati
liphupho
moliti
thantaza
ljubiti
cabuza

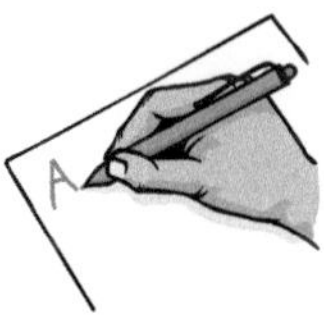

A

pisati

bhala

crtati

tsatsa

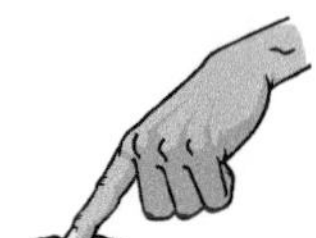

pokazati

khombisa

gurati

fuca

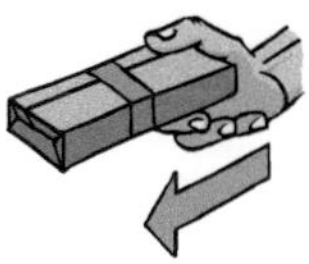

dati

nika

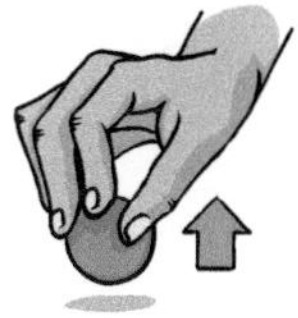

uzeti

tsatsa

imati

tsatsa

raditi

yenta

biti

be

stajati

sukuma

trčati

gijima

vući

dvonsa

baciti

jika

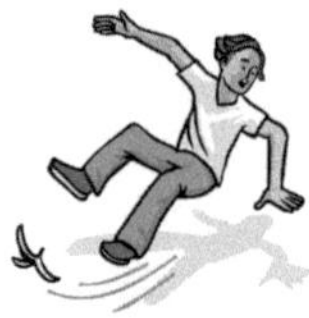

pasti

wani

ležati

cala emanga

čekati

mani

nositi

tsatsa

sjediti

hlala

obući

yembatsa

spavati

lala

probuditi

vuka

pogledati

buka

plakati

khala

milovati

shaya

češljati

kama

govoriti

khuluma

razumjeti

condza

?

pitati

buta

slušati

lalela

piti

natsa

jesti

dlani

pospremiti

gcogca

voljeti

tsandza

kuhati

pheka

voziti

shayela

letjeti

ndiza

jedriti

ntjuza

42

računati

bala

čitati

fundza

učiti

fundza

raditi

sebenta

vjenčavti

shada

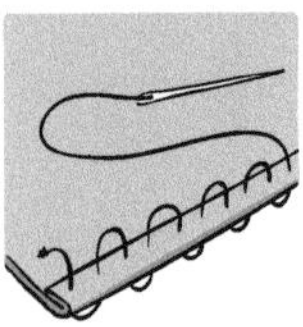

šiti

tfunga

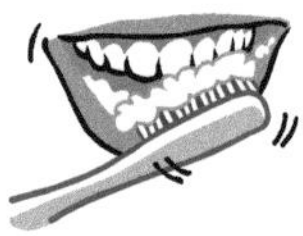

prati zube

kugeza ematinyo

ubiti

bulala

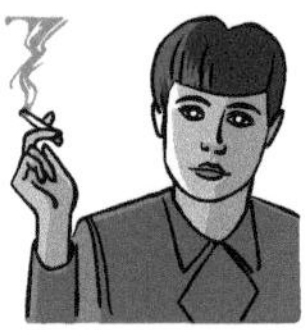

pušiti

bhema

slati

tfumela

porodica
umndeni

baka
gogo
djed
mkhulu
otac
babe
majka
make
beba
umntfwana
kćerka
indvodzakati
sin
indvodzana

gost

sivakashi

ujna, tetka, strina

anti

ujak, tetak, stric

malume

brat

umnaketfu

sestra

sisi

tijelo
umtimba

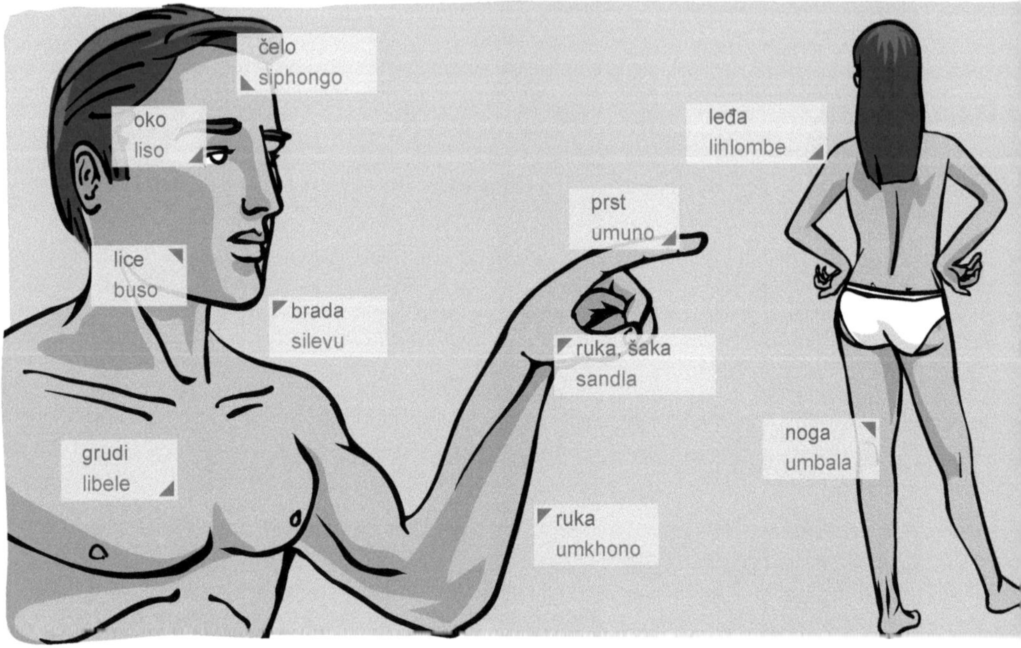
čelo
siphongo
oko
liso
leđa
lihlombe
prst
umuno
lice
buso
brada
silevu
ruka, šaka
sandla
noga
umbala
grudi
libele
ruka
umkhono

beba

umntfwana

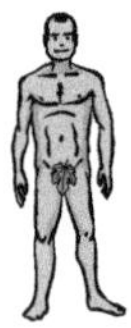

muškarac

indvodza

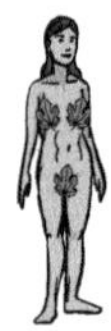

žena

umfati

djevojčica

intfombatane

dječak

umfana

glava

inhloko

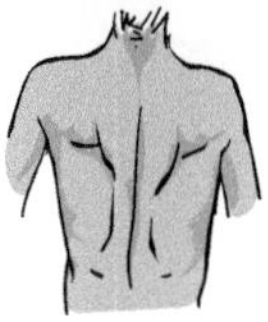

leđa

emuva

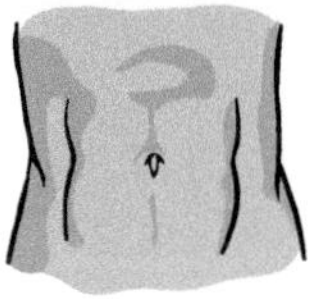

stomak

umkhatjana

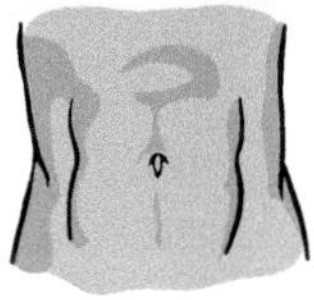

pupak

sibhono

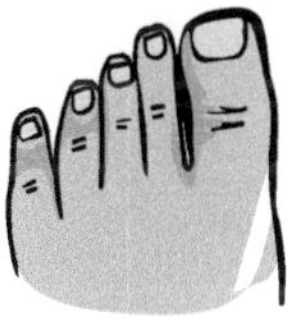

nožni prst

luzwane

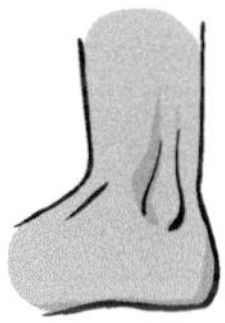

peta

sitsendze

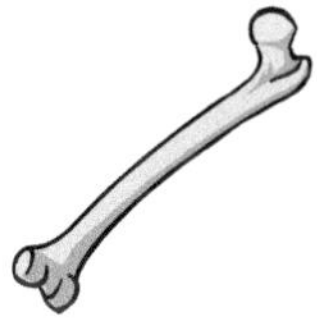

kosti

litsambo

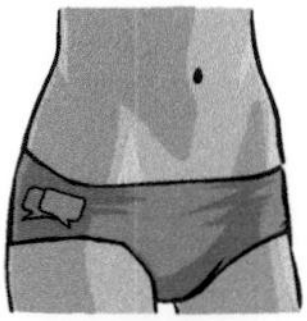

kuk

litsanga

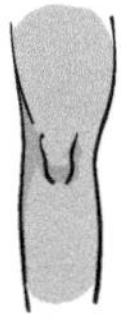

koljeno

lidvolo

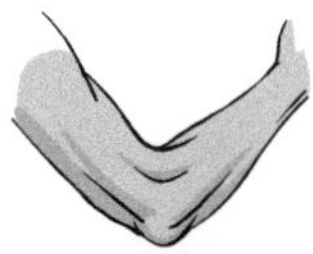

lakat

ingcosa

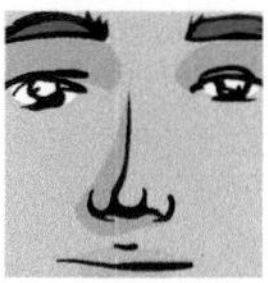

nos

imphumulo

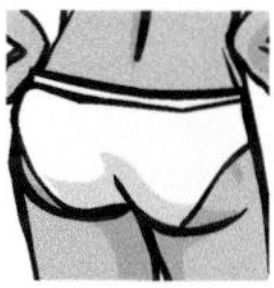

stražnjica

entansi

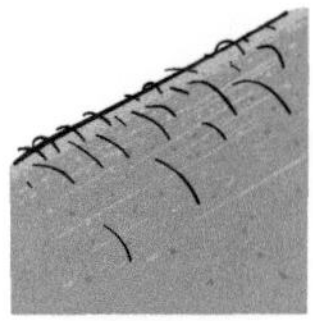

koža

sikhumba

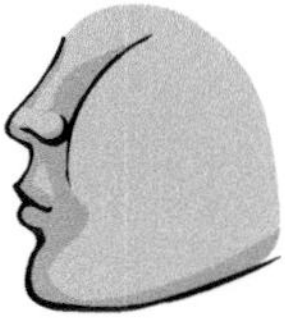

obraz

sihlatsi

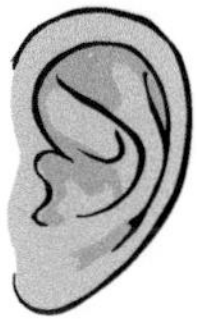

uho

indlebe

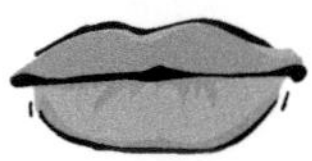

usna

indzebe

usta

umlomo

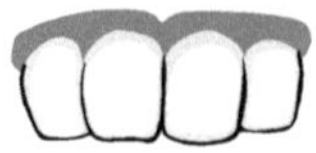

zub

litinyo

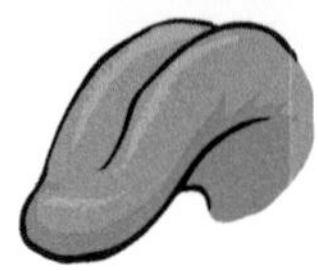

jezik

lilimi

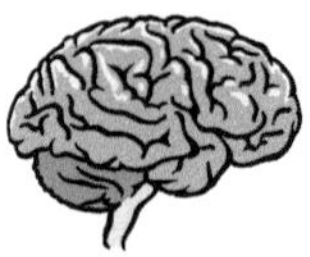

mozak

bucopho

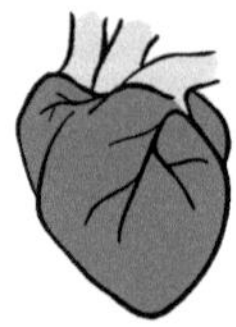

srce

inhlitiyo

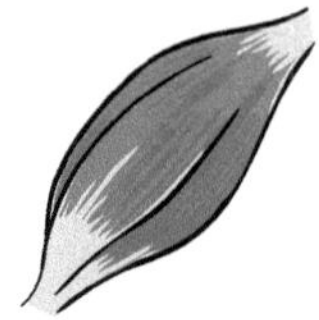

mišić

umsipha

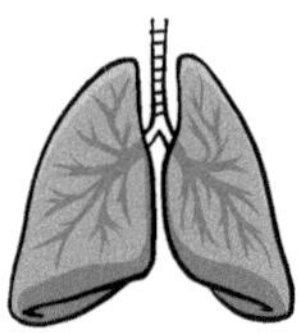

pluća

liphaphu

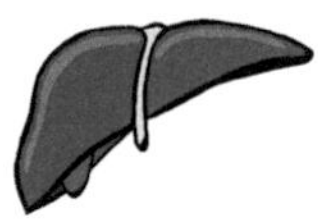

jetra

sibindzi

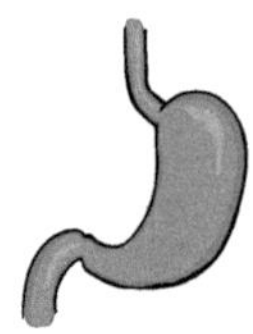

želudac

sisu

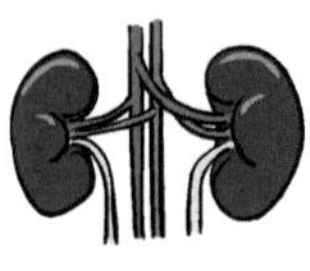

bubreg

tinso

spolni odnos

kulalana

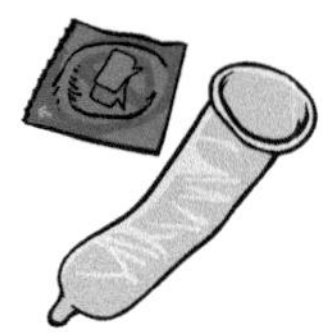

kondom

lijazi lemkhwenyana

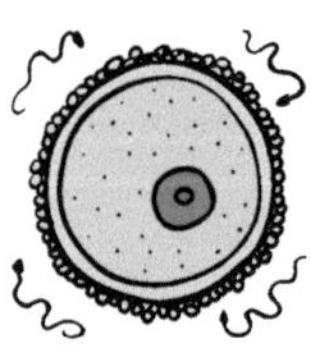

jajna ćelija

licandza lentalo

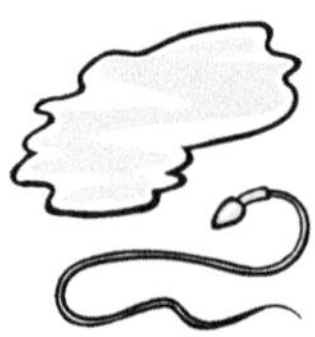

sperma

sidvodza

trudnoća

kukhulelwa

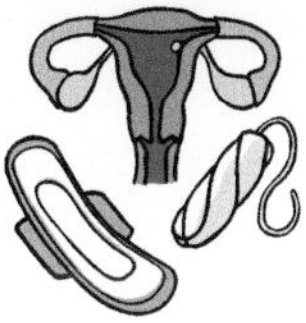

menstruacija

kuya esikhatsini

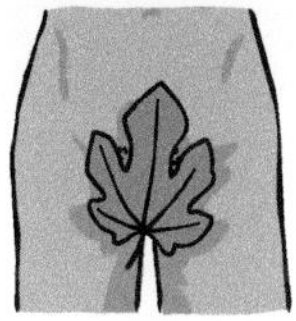

vagina

ligolo

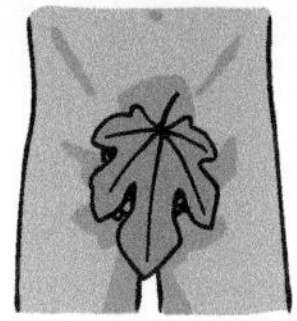

penis

umpipi

obrva

inkhophe

kosa

lunwele

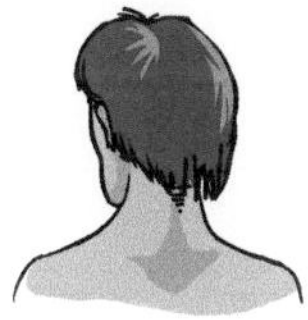

vrat

intsamo

bolnica
sibhedlela

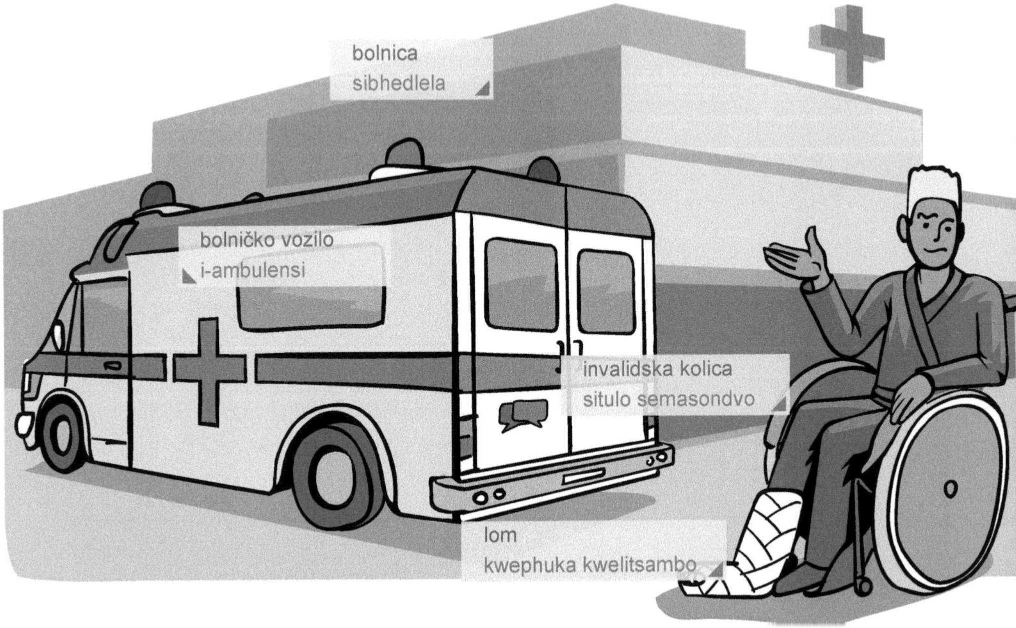

bolnica
sibhedlela
bolničko vozilo
i-ambulensi
invalidska kolica
situlo semasondvo
lom
kwephuka kwelitsambo

ljekar

dokotela

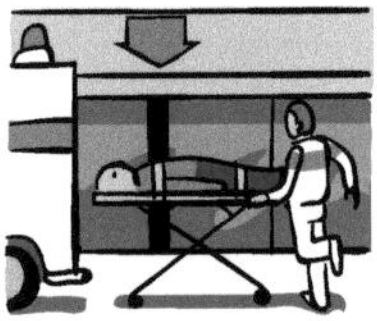

hitna služba

ligumbi letimo letiphutfumako

medicinska sestra

nesi

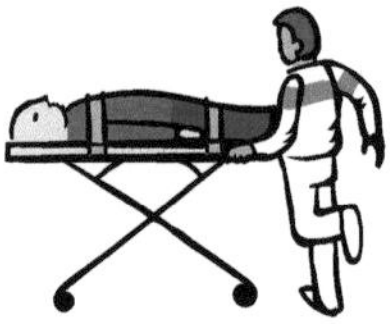

hitna pomoć

simo lesiphutfumako

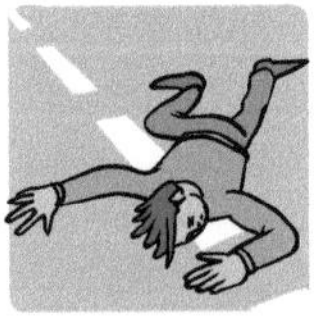

nesvjest

kucaleka

bol

buhlungu

povreda

kulimala

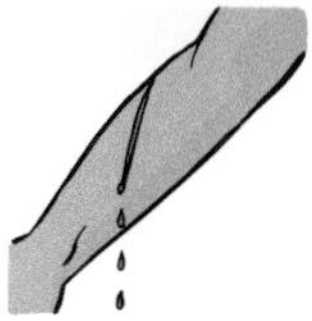

krvarenje

kopha

srčani udar, infarkt

kuhlaselwa sifo senhlitiyo

moždani udar

kufa luhlangotsi

alergija

i-aleji

kašalj

kukhwehlela

groznica

kushisa

gripa

umkhuhlane

proljev

kusheka

glavobolja

kubulawa yinhloko

rak

umdlavuza

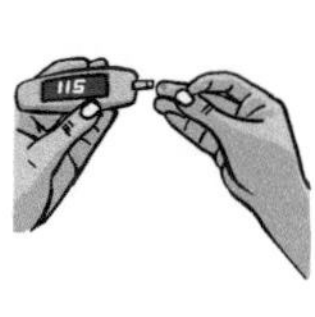

dijabetes

kuba nashukela

hirurg

dokotela

skalpel

umukhwa wekusika wabodokotela

operacija

kusikwa

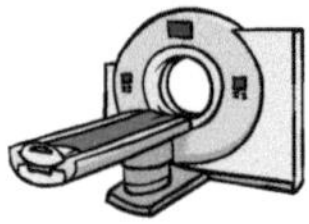

CT

i-CT

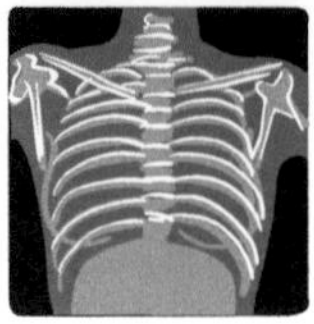

rendgen

i-x ray

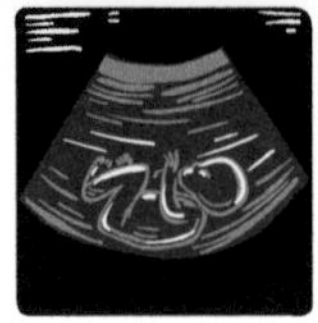

ultrazvuk

umsindvo

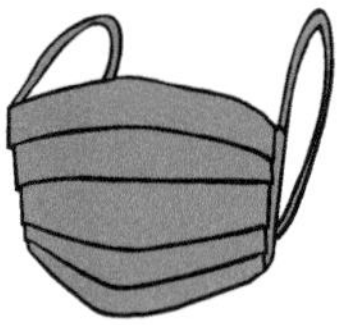

maska

sifonyo

bolest

sifo

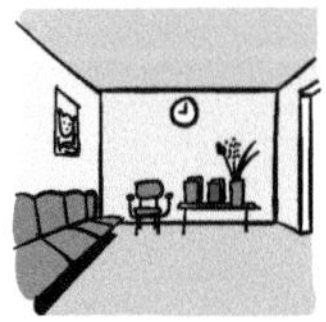

čekaonica

ligumbi lekulindza

štake

indvuku yekuhamba

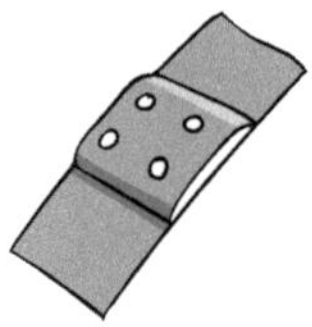

flaster

i-plaster

zavoj

ibhandishi

injekcija

umjovo

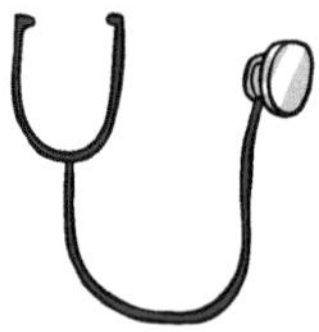

stetoskop

lithulusi labodokotela lekulalela inhlitiyo

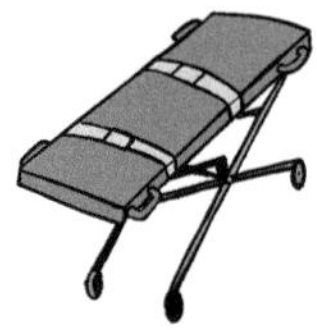

nosilo

luhlaka

termometar

kwekuhlola lizinga lemuntfu lekushisa

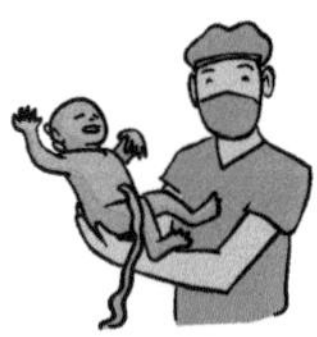

porod

kutalwa

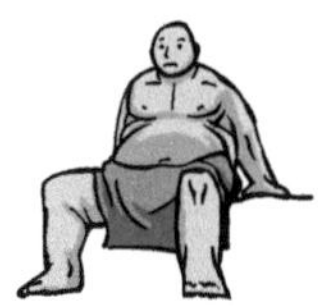

prekomjerna težina, debljina

kunona kakhulu

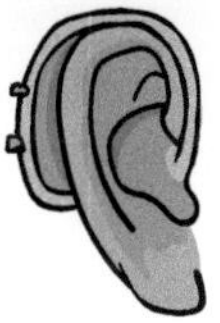

slušni aparat

tinsita tekuva etindlebeni

sredstvo za dezinfekciju

sibulali magciwane

infekcija

kwesuleleka ngesifo

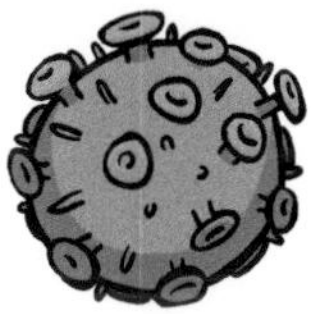

virus

ligciwane

HIV/ AIDS

i-HIV / AIDS

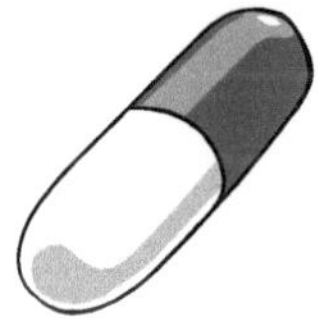

medicina

umutsi

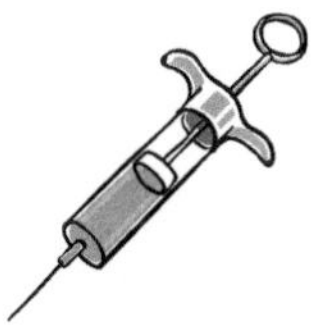

vakcinacija

kugoma

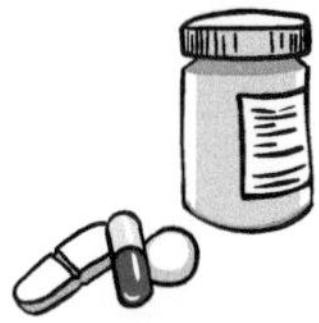

tablete

emaphilisi

pilula

liphilisi

hitni poziv

lucingo loluphutfumako

120
80

aparat za mjerenje pritiska

sicaphi semfutfo wengati

bolestan / zdrav

gula / umcemane

hitna pomoć

simo lesiphutfumako

Upomoć!

Lusito!

alarm

i-alamu

napad, prepad

kuhlukumeta

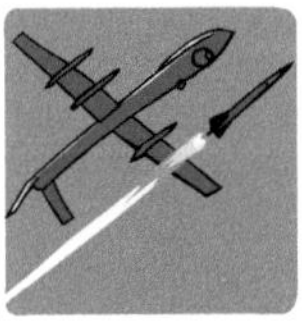

napad

kuhlasela

opasnost

ingoti

izlaz u slučaju opasnosti

umnyango wekuphuma nakuphutfuma

Požar!

Umlilo

vatrogasni aparat

sicishamlilo

nezgoda

ingoti

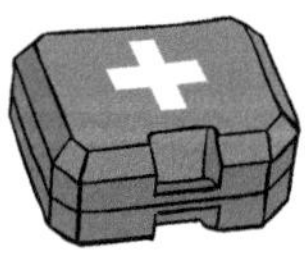

torba prve pomoći

ikhidi yelusito lwekucala

SOS

SOS

SOS

policija

emaphoyisa

Zemlja
Umhlaba

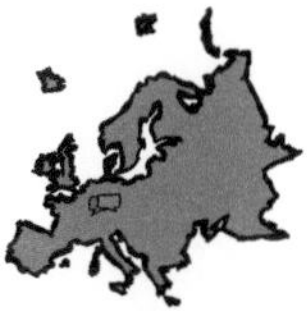

Europa

i-Europe

Sjeverna Amerika

iNyakatfo YeMelika

Južna Amerika

iNingizimu YeMelika

Afrika

i-Afrika

Azija

i-Asia

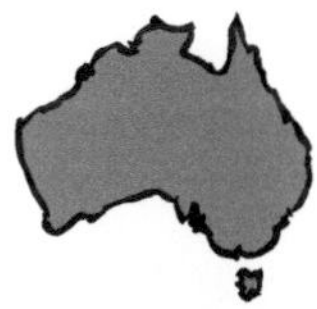

Australija

i-Australia

Atlantik

i-Atlantic

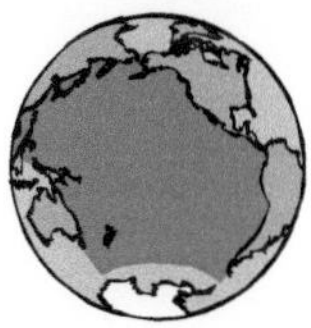

Pacifik

i-Pacific

Indijski okean

i-Idian Ocean

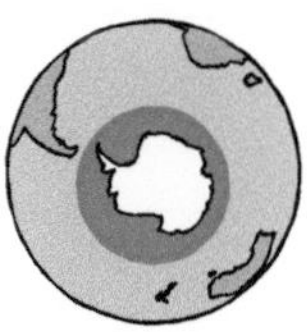

Antarktički okean

i-Antarctic Ocean

Arktički okean

i-Arctic Ocean

Sjeverni pol

Ligumbi laseNyakatfo

Južni pol

Ligumbi laseNingizimu

Antarktik

iAntarctica

Zemlja

Umhlaba

zemlja

indzawo

more

lwandle

ostrvo

sichingi

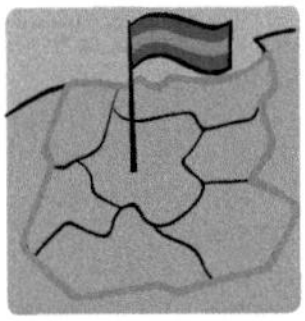

nacija

sive

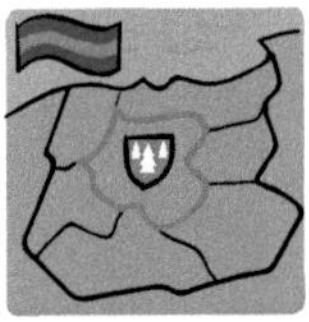

država

umbuso

sat
liwashi

brojčanik sata

buso beliwashi

kazaljka sata

li-awa

kazaljka minute

imizuzu

kazaljka sekunde

imizuzwana

Koliko je sati?

sikhatsi sini nyalo?

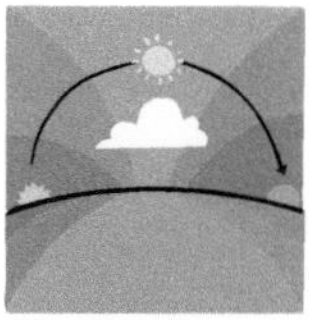

dan

lusuku

vrijeme

sikhatsi

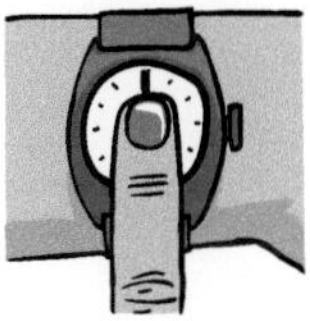

sada

nyalo

digitalni sat

liwashi lesimanjemanje

minuta

umzuzu

sat

li-awa

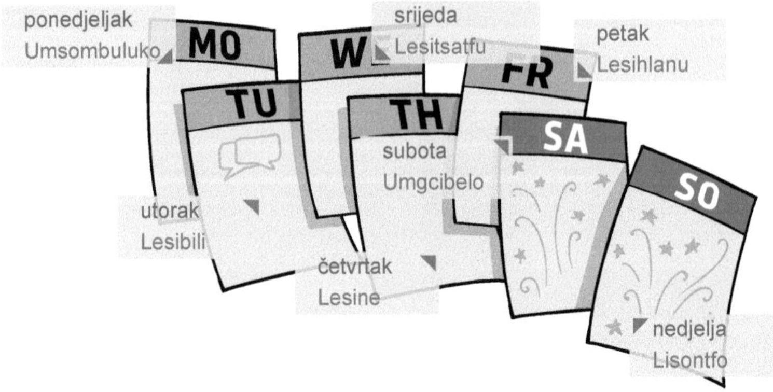

ponedjeljak
Umsombuluko
MO
TU
utorak
Lesibili
W
srijeda
Lesitsatfu
TH
četvrtak
Lesine
FR
petak
Lesihlanu
SA
subota
Umgcibelo
SO
nedjelja
Lisontfo

TUE
MON
1

jučе

itolo

TUE
2

danas

lamuhla

TUE
3

sutra

kusasa

jutro

ekuseni

podne

emini

veče

entsambama

radni dani

emalanga emsebenti

vikend

imphelasontfo

godina
umnyaka

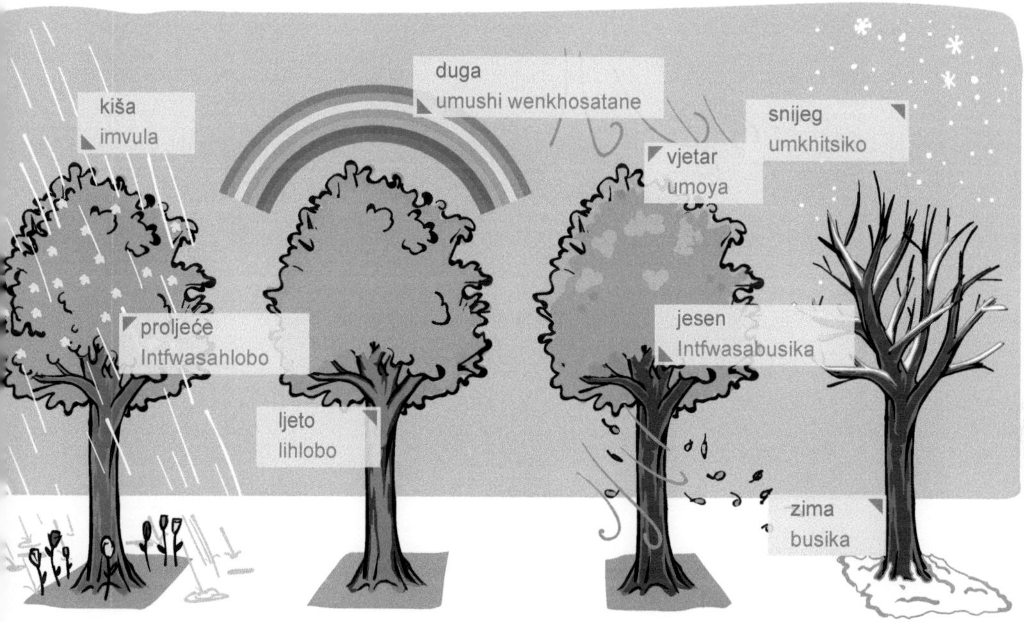

kiša
imvula
duga
umushi wenkhosatane
snijeg
umkhitsiko
vjetar
umoya
proljeće
Intfwasahlobo
jesen
Intfwasabusika
ljeto
lihlobo
zima
busika

4.APRIL 11°
5.APRIL 4°
6.APRIL 13°
7.APRIL 8°
8.APRIL 10°

prognoza vremena

simo selitulo

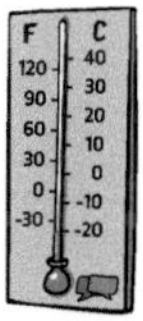

F
C
120
90
60
30
0
-30
40
30
20
10
0
-10
-20

termometar

kwekuhlola lizinga lekushisa

sunčev sjaj

kubalela

oblak

emafu

magla

inkhungu

vlažnost vazduha

umswakamo

munja

umbane

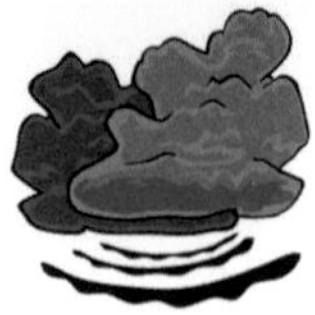

grom

umbane

oluja

kudvuma lobunebungoti

tuča, led

sangcotfo

monsun

inyeti

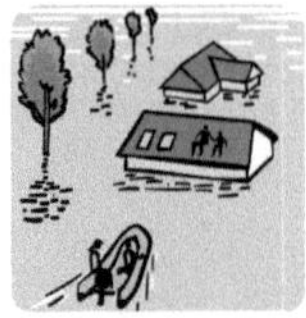

poplava

tikhukhula

led

lichwa

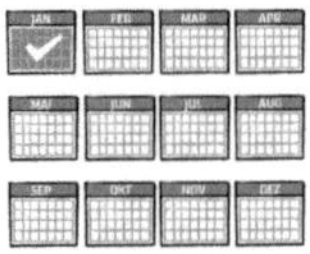

januar

Bhimbidvwane

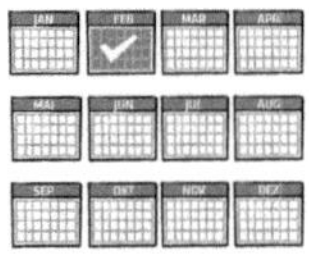

februar

Indlovana

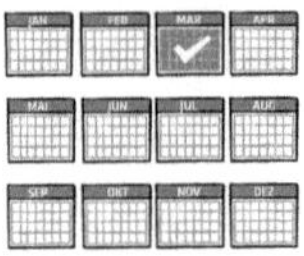

mart

Indlovulenkhulu

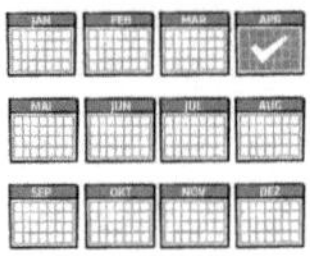

april

Mabasa

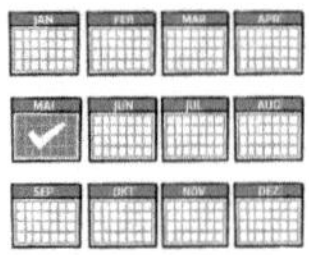

maj

Inkhwenkhweti

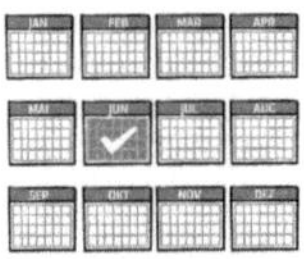

juni

Inhlaba

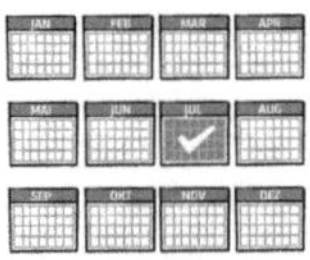

juli

Kholwane

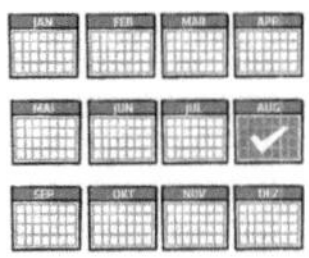

avgust

Ingci

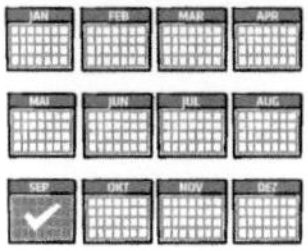

septembar

Inyoni

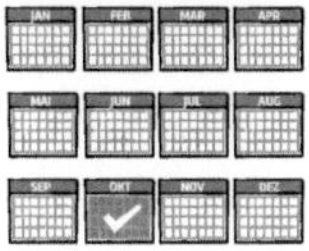

oktobar

Imphala

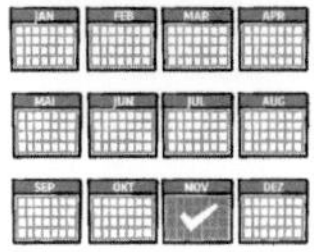

novembar

Lweti

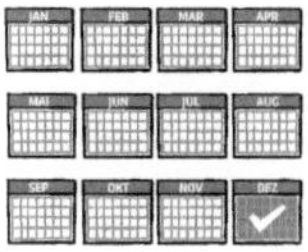

decembar

Ingongoni

oblici

kubumbeka kwetintfo

krug

indingiliza

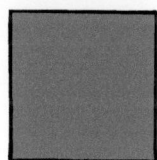

kvadrat

sikwele

pravougao

umdvwebo lonetinhlangotsi letindze letilinganako

trougao

ncantsatfu

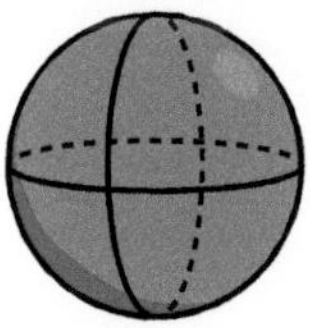

kugla

i-sphere

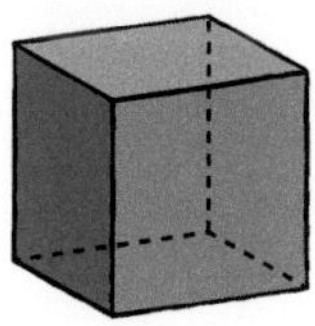

kocka

ikhiyubhu

boje
imibala

bjel

kumhlophe

žut

phuti

narandžast

sheli

pink

kupinki

crven

kubovu

ljubičast

kunsomi

plav

luhlata

zelen

luhlata njengetjani

smeđ

loku-brown

siv

mtfubi

crn

mnyama

suprotnosti
lokwehlukile

malo / mnogo

kunyenti / kuncane

ljutit / miran

kutfukutsela / kwehlisa umoya

lijep / ružan

buhle / bubi

početak / kraj

sicalo / siphetfo

veliki / mali

bukhulu / buncane

svijetlo / tamno

kukhanya / bumnyama

brat / sestra

bhuti / sisi

čist / prljav

kuhloba / kungcola

potpun / nepotpun

kuphelela / kungapheleli

dan / noć

imi / busuku

mrtav / živ

kufa / kuphila

široko / usko

kubanti / kuncane

ukusno / neukusno

lokudliwako / lokungadliwa

zao / prijatan

inhlitiyo lembi / umusa

uzbuđen / dosadan

kutsakasa / kudvumala

debeo / mršav

sidudla / umcondvo

MO
TU
WE
TH
FR
SA
SO

najprije / najkasnije

kwekucala / kwekugcina

prijatelj / neprijatelj

umngani / sitsa

pun / prazan

kugcwala / kute lutfo

trvd / mekan

kucina / kutsamba

težak / lagan

kusindza / kulula

glad / žeđ

kulamba / koma

bolestan / zdrav

gula / umcemane

ilegalan / legalan

kungabi semtsetfweni / kuba semtsetfweni

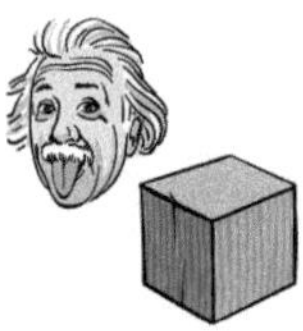

inteligentan / glup

kuhlakanipha / bulima

lijevo / desno

sencele / sekudla

blizu / daleko

dvutane / khashane

nov / polovan

lokusha / lokudzala

ništa / nešto

kute lutfo / kunalokutsite

star / mlad

budzala / busha

uključeno / isključeno

kuyasebenta / akusebenti

otvoreno / zatvoreno

kuvulekile / kuvalekile

tiho / glasno

kuthula / umsindvo

bogat / siromašan

kunjinga / kuphuya

tačno / pogrešno

kulungile / akukalungi

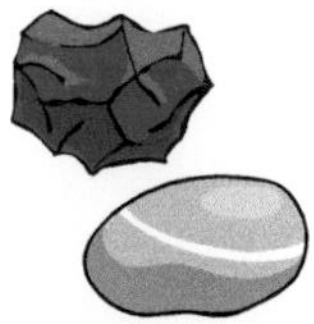

hrapav / glatak

kuyahhedla / kuyashelela

tužan / srećan

kuva buhlungu / kujabula

kratak / dug

kufishane / kudze

spor / brz

kunwabuka / kushesha

mokro / suho

kumanti / komile

toplo / hladno

kufutfumele / kusivuvu

rat / mir

imphi / kuthula

brojevi
tinombolo

0

nula
indilinga

1

jedan
kunye

2

dva
kubili

3

tri
kutsatfu

4

četiri
kune

5

pet
sihlanu

6

šest
sitfupha

7

sedam
sikhombisa

8

osam
siphohlongo

9

devet
yimfica

10

deset
lishumi

11

jedanaest
lishumi nakunye

12

dvanaest

lishumi nakubili

13

trinaest

lishumi nakutsatfu

14

četrnaest

lishumi nakune

15

petnaest

lishumi nesihlanu

16

šesnaest

lishumi nesitfupha

17

sedamnaest

lishumi nesikhombisa

18

osamnaest

lishumi nesiphohlongo

19

devetnaest

lishumi nemfica

20

dvadeset

emashumi lamabili

100

sto

likhulu

1.000

hiljada

inkhulungwane

1.000.000

milion

sigidzi

jezici
tilwimi

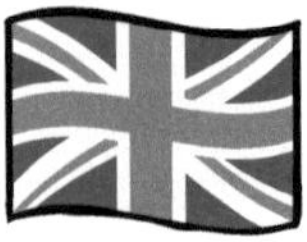

engleski

Singisi

američki engleski

Singisi saseMelika

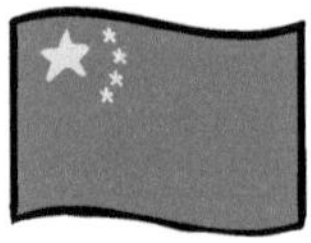

kinesko mandarinski

SiMandarini seseShayina

hindi

SiHindi

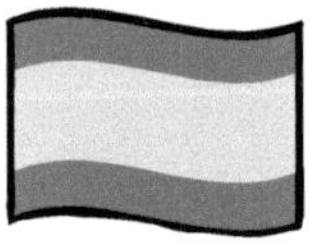

španski

Sipanishi

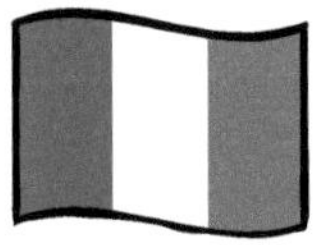

francuski

SiFulentji

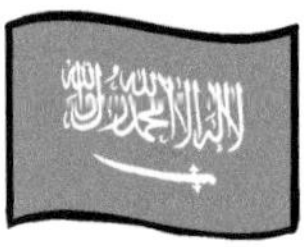

arapski

Si-Arabu

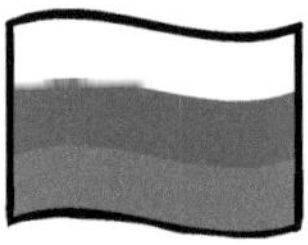

ruski

SiRashiya

portugalski

SiPhuthukezi

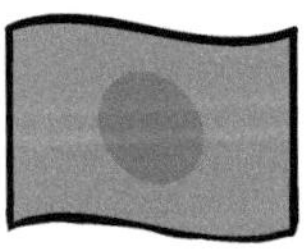

bengalski

SiBhengali

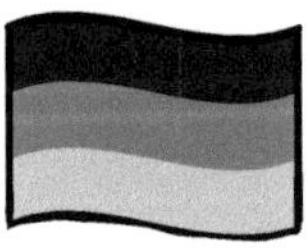

njemački

SiJalimane

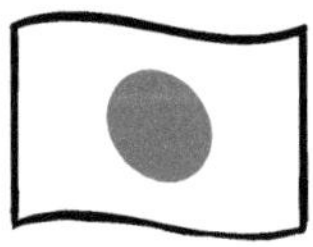

japanski

SiJapane

ko / šta / gdje
ngubani / ini / njani

ja

Mine

ti

wena

on / ona / ono

yena / yona

mi

tsine

vi

nine

oni

bona

ko?

bani?

šta?

ini?

kako?

njani?

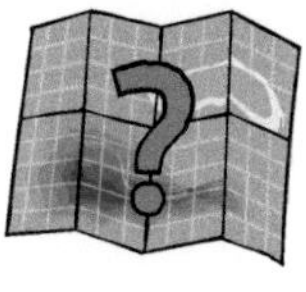

gdje?

kuphi?

kada?

nini?

HELLO, I AM

ime

libito

gdje
kuphi

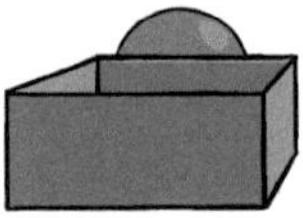

iza

ngemuva

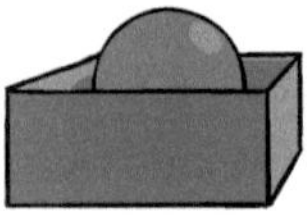

u

ekhatsi

pred

embi kwe

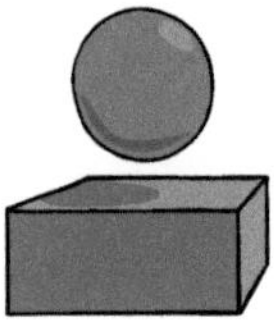

iznad

ngenhla

na

etulu

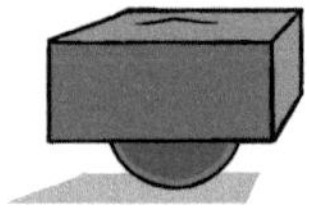

ispod

ngephansi

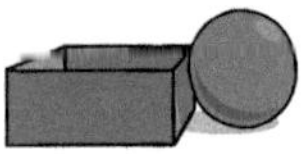

pored

eceleni

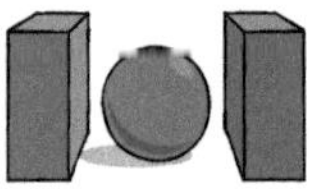

između

emkhatsini

mjesto

indzawo